Discursos Forenses

(Defesas Penais)

Enrico Ferri

TEXTO INTEGRAL

Tradução: Fernando de Miranda

COLEÇÃO A OBRA-PRIMA DE CADA AUTOR

DISCURSOS FORENSES

(DEFESAS PENAIS)

Enrico Ferri

MARTIN CLARET

CRÉDITOS

Idealização e Coordenação
Martin Claret

Capa
Ilustração
Marcellin Talbot

Miolo
Revisão
Mª de Fátima C. A. Madeira
Lucyana Rocha de O. Torchia

Tradução
Fernando de Miranda

Projeto Gráfico
José Duarte T. de Castro

Direção de Arte
José Duarte T. de Castro

Editoração Eletrônica
Editora Martin Claret

Papel
Off-Set, 70g/m²

Impressão e Acabamento
PSI7

Editora Martin Claret Ltda. – Rua Alegrete, 62 – Bairro Sumaré
CEP: 01254-010 – São Paulo – SP
Tel.: (11) 3672-8144 – Fax: (11) 3673-7146

www.martinclaret.com.br / editorial@martinclaret.com.br

Agradecemos a todos os nossos amigos e colaboradores — pessoas físicas e jurídicas — que deram as condições para que fosse possível a publicação deste livro.

2ª REIMPRESSÃO – 2011

A história do livro e a coleção "A Obra-Prima de Cada Autor"

MARTIN CLARET

Que é o livro? Para fins estatísticos, na década de1960, a UNESCO considerou o livro "uma publicação impressa, não periódica, que consta de no mínimo 56 páginas, sem contar as capas".

O livro é um produto industrial.

Mas também é mais do que um simples produto. O primeiro conceito que deveríamos reter é o de que o livro como objeto é o veículo, o suporte de uma informação. O livro é uma das mais revolucionárias invenções do homem.

A *Enciclopédia Abril* (1972), publicada pelo editor e empresário Victor Civita, no verbete "livro" traz concisas e importantes informações sobre a história do livro. A seguir, transcrevemos alguns tópicos desse estudo didático sobre o livro.

O livro na Antiguidade

Antes mesmo que o homem pensasse em utilizar determinados materiais para escrever (como, por exemplo, fibras vegetais e tecidos), as bibliotecas da Antiguidade estavam repletas de textos gravados em tabuinhas de barro cozido. Eram os primeiros "livros", depois progressivamente modificados até chegar a ser feitos — em grandes tiragens — em papel impresso mecanicamente, proporcionando facilidade de leitura e transporte. Com eles, tornou-se possível, em todas as épocas, transmitir fatos, acontecimentos históricos, descobertas, tratados, códigos ou apenas entretenimento.

Como sua fabricação, a função do livro sofreu enormes modificações dentro das mais diversas sociedades, a ponto de constituir uma mercadoria especial, com técnica, intenção e utilização determinadas. No moderno movimento editorial das chamadas sociedades de consumo, o livro pode ser considerado uma mercadoria cultural, com maior ou menor significado no contexto socioeconômico em que é publicado. Como mercadoria, pode ser comprado, vendido ou trocado. Isso não ocorre, porém, com sua função intrínseca, insubstituível: pode-se dizer que o livro é essencialmente um instrumento cultural de difusão de idéias, transmissão de conceitos, documentação (inclusive fotográfica e iconográfica), entretenimento ou ainda de condensação e acumulação do conhecimento. A palavra escrita venceu o tempo, e o livro conquistou o espaço. Teoricamente, toda a humanidade pode ser atingida por textos que difundem idéias que vão de Sócrates e Horácio a Sartre e McLuhan, de Adolf Hitler a Karl Marx.

Espelho da sociedade

A história do livro confunde-se, em muitos aspectos, com a história da humanidade. Sempre que escolhem frases e temas, e transmitem idéias e conceitos, os escritores estão elegendo o que consideram significativo no momento histórico e cultural que vivem. E assim, fornecem dados para a análise de sua sociedade. O conteúdo de um livro — aceito, discutido ou refutado socialmente — integra a estrutura intelectual dos grupos sociais.

Nos primeiros tempos, o escritor geralmente vivia em contato direto com seu público, que era formado por uns poucos letrados, já cientes das opiniões, idéias, imaginação e teses do autor, pela própria convivência que tinha com ele. Muitas vezes, mesmo antes de ser redigido o texto, as idéias nele contidas já haviam sido intensamente discutidas pelo escritor e parte de seus leitores. Nessa época, como em várias outras, não se pensava no enorme percentual de analfabetos. Até o século XV, o livro servia exclusivamente a uma pequena minoria de sábios e estudiosos que constituíam os círculos intelectuais (confinados aos mosteiros no início da Idade Média) e que tinham acesso às bibliotecas, cheias de manuscritos ricamente ilustrados.

Com o reflorescimento comercial europeu em fins do século XIV, burgueses e comerciantes passaram a integrar o mercado livreiro da época. A erudição laicizou-se, e o número de escritores aumentou, surgindo também as primeiras obras escritas em línguas que não o latim e o grego (reservadas aos textos clássicos e aos assuntos considerados dignos de atenção).

Nos séculos XVI e XVII, surgiram diversas literaturas nacionais, demonstrando, além do florescimento intelectual da época, que a população letrada dos países europeus estava mais capacitada a adquirir obras escritas.

Cultura e comércio

Com o desenvolvimento do sistema de impressão de Gutenberg, a Europa conseguiu dinamizar a fabricação de livros, imprimindo, em cinqüenta anos, cerca de vinte milhões de exemplares para uma população de quase cem milhões de habitantes, a maioria analfabeta. Para a época, isso significou enorme revolução, demonstrando que a imprensa só se tornou uma realidade diante da necessidade social de ler mais.

Impressos em papel, feitos em cadernos costurados e posteriormente encapados, os livros tornaram-se empreendimento cultural e comercial: os editores passaram logo a se preocupar com melhor apresentação e redução de preços. Tudo isso levou à comercialização do livro. E os livreiros baseavam-se no gosto do público para imprimir, sobretudo, obras religiosas, novelas, coleções de anedotas, manuais técnicos e receitas.

O percentual de leitores não cresceu na mesma proporção que a expansão demográfica mundial. Somente com as modificações socioculturais e econômicas do século XIX — quando o livro começou a ser utilizado também como meio de divulgação dessas modificações, e o conhecimento passou a significar uma conquista para o homem, que, segundo se acreditava, poderia ascender socialmente se lesse — houve um relativo aumento no número de leitores, sobretudo na França e na Inglaterra, onde alguns editores passaram a produzir, a preços baixos, obras completas de autores famosos. O livro era então interpretado como símbolo de liberdade, conseguida por conquistas culturais. Entretanto, na maioria dos países, não houve nenhuma grande modificação nos índices percentuais até o fim da Primeira Guerra Mundial (1914/18), quando surgiram as primeiras grandes tiragens de livros, principalmente romances, novelas e textos didáticos. O número elevado de cópias, além de baratear o preço da unidade, difundiu ainda mais a literatura. Mesmo assim, a maior parte da população de muitos países continuou distanciada, em parte porque o livro, em si, tinha sido durante muitos séculos considerado objeto raro, passível de ser adquirido somente por um pequeno número de eruditos. A grande massa da população mostrou maior receptividade aos jornais, periódicos e folhetins, mais dinâmicos e atualizados, além de acessíveis ao poder aquisitivo da grande maioria.

Mas isso não chegou a ameaçar o livro como símbolo cultural de difusão de idéias, como fariam, mais tarde, o rádio, o cinema e a televisão.

O advento das técnicas eletrônicas, o aperfeiçoamento dos métodos fotográficos e a pesquisa de materiais praticamente imperecíveis fazem alguns teóricos da comunicação de massa pensar em um futuro sem os livros tradicionais, com seu formato quadrado ou retangular, composto de folhas de papel, unidas umas às outras por um dos lados.

Seu conteúdo e suas mensagens, racionais ou emocionais, seriam transmitidos por outros meios, como, por exemplo, microfilmes e fitas gravadas.

A televisão transformaria o mundo inteiro em uma grande "aldeia" (como afirmou Marshall McLuhan), no momento em que todas as sociedades decretassem sua prioridade em relação aos textos escritos.

Mas a palavra escrita dificilmente deixaria de ser considerada uma das mais importantes heranças culturais, para todos os povos.

E no decurso de toda a sua evolução, o livro sempre pôde ser visto como objeto cultural (manuseável, com forma entendida e interpretada em função de valores plásticos) e símbolo cultural (dotado de conteúdo, entendido e interpretado em função de valores semânticos). As duas maneiras podem fundir-se no pensamento coletivo, como um conjunto orgânico (em que texto e arte se completam, como, por exemplo, em um livro de arte) ou apenas como um conjunto textual (no qual a mensagem escrita vem em primeiro lugar — em um livro de matemática, por exemplo).

A mensagem (racional, prática ou emocional) de um livro é sempre intelectual e pode ser revivida a cada momento.

O conteúdo, estático em si, dinamiza-se em função da assimilação das palavras pelo leitor, que pode discuti-las, reafirmá-las, negá-las ou transformá-las. Por isso, o livro pode ser considerado um instrumento cultural capaz de liberar informação, sons, imagens, sentimentos e idéias através do tempo e do espaço.

A quantidade e a qualidade das idéias colocadas em um texto podem ser aceitas por uma sociedade, ou por ela negadas, quando entram em choque com conceitos ou normas culturalmente admitidas.

Nas sociedades modernas, em que a classe média tende a considerar o livro como sinal de *status* e cultura (erudição), os compradores utilizam-no como símbolo mesmo, desvirtuando suas funções ao transformá-lo em livro-objeto.

Mas o livro é, antes de tudo, funcional — seu conteúdo é que lhe confere valor (como os livros das ciências, de filosofia, religião, artes, história e geografia, que representam cerca de 75% dos títulos publicados anualmente em todo o mundo).

O mundo lê mais

No século XX, o consumo e a produção de livros aumentaram progressivamente. Lançado logo após a Segunda Guerra Mundial (1939/45), quando uma das características principais da edição de um livro era as capas entreteladas ou cartonadas, o livro de bolso constituiu um grande êxito comercial. As obras — sobretudo *best-sellers* publicados algum tempo antes em edições de luxo — passaram a ser impressas em rotativas, como as revistas, e distribuídas às bancas de jornal. Como as tiragens elevadas permitiam preços muito baixos, essas edições de bolso popularizaram-se e ganharam importância cm todo o mundo.

Até 1950, existiam somente livros de bolso destinados a pessoas de baixo poder aquisitivo; a partir de 1955, desenvolveu-se a categoria do livro de bolso "de luxo". As características principais destes últimos eram a abundância de coleções — em 1964 havia mais de duzentas nos Estados Unidos — e a variedade de títulos, endereçados a um público intelectualmente mais refinado.

A essa diversificação das categorias adiciona-se a dos pontos-de-venda, que passaram a abranger, além das bancas de jornal, farmácias, lojas, livrarias, etc. Assim, nos Estados Unidos, o número de títulos publicados em edições de bolso chegou a 35 mil em 1969, representando quase 35% do total dos títulos editados.

Proposta da coleção
"A Obra-Prima de Cada Autor"

A palavra "coleção" é uma palavra há muito tempo dicionarizada, e define o conjunto ou reunião de objetos da mesma natureza ou que têm qualquer relação entre si. Em um sentido editorial, significa o conjunto não-limitado de obras de autores diversos, publicado por uma mesma editora, sob um título geral indicativo de assunto ou área, para atendimento de segmentos definidos do mercado.

A coleção "A Obra-Prima de Cada Autor" corresponde plenamente à definição acima mencionada. Nosso principal objetivo é oferecer, em formato de bolso, a obra mais importante de cada autor, satisfazendo o leitor que procura qualidade.*

Desde os tempos mais remotos existiram coleções de livros. Em Nínive, em Pérgamo e na Anatólia existiam coleções de obras literárias de grande importância cultural. Mas nenhuma delas superou a célebre biblioteca de Alexandria, incendiada em 48 a.C. pelas legiões de Júlio César, quando estes arrasaram a cidade.

A coleção "A Obra-Prima de Cada Autor" é uma série de livros a ser composta de mais de 500 volumes, em formato de bolso, com preço altamente competitivo, e pode ser encontrada em centenas de pontos-de-venda. O critério de seleção dos títulos foi o já estabelecido pela tradição e pela crítica especializada. Em sua maioria, são obras de ficção e filosofia, embora possa haver textos sobre religião, poesia, política, psicologia e obras de auto-ajuda. Inauguram a coleção quatro textos clássicos: *Dom Casmurro*, de Machado de Assis; *O Príncipe*, de Maquiavel; *Mensagem*, de Fernando Pessoa e *O Lobo do Mar*, de Jack London.

Nossa proposta é fazer uma coleção quantitativamente aberta. A periodicidade é mensal. Editorialmente, sentimo-nos orgulhosos de poder oferecer a coleção "A Obra-Prima de Cada Autor" aos leitores brasileiros. Nós acreditamos na função do livro.

---

* Atendendo a sugestões de leitores, livreiros e professores, a partir de certo número da coleção, começamos a publicar, de alguns autores, outras obras além da sua obra-prima.

Palavras prévias

O nome de Enrico Ferri — o grande criminalista italiano, fundador, com Lombroso e Garofalo, da Escola Positiva — é suficientemente conhecido de quem nos lê, para dispensar qualquer apresentação ou tentativa de biografia.

Este trabalho já, de resto, foi feito entre nós — e com a magistral competência que erigia — pelo Ilustre Professor da Universidade de Coimbra, Doutor José Beleza dos Santos. É ele que serve de prefácio à edição, na nossa língua, de outro livro de Ferri: Princípios de Direito Criminal.

Mas Enrico Ferri, além de professor ilustre de Direito Penal e de escritor consagrado, foi também — estávamos quase tentados a dizer sobre tudo — um grande advogado, um incomparável orador, que com o poder mágico do seu verbo ardente, subjugava, convencia e arrastava os que escutavam, obtendo, assim, triunfos inexcedíveis, como causídico, em quase todos os Tribunais Criminais do seu País.

* * *

A sua palavra fácil, clara e vibrátil, ora se dirigia ao coração, implorando e enternecendo, ora à inteligência, expondo e esclarecendo, mas era sempre poderosa, quente, comovedora e convincente. O auditório em peso vibrava intensamente, sob o influxo apaixonado do verbo do Mestre.

Com tais qualidades, aliadas ao prestígio de um grande nome, célebre em todo o mundo, compreende-se que Ferri obtivesse, facilmente, do espírito sugestionável dos jurados, as decisões que ambicionava, quer pedisse, defendendo a absolvição, quer acusando, pretendesse a condenação. Porque era igualmente grande a acusar!

* * *

É a sua faceta de causídico ilustre, a fulguração do seu talento de orador, que, neste livro, sob o título Discursos Forenses (Defesas Penais), *pretendemos revelar ao nosso público, através de três dos seus melhores discursos de defesa.*

*Para um outro volume (*Discursos de Acusação — Ao Lado das Vítimas*) reservamos algumas das suas acusações, que constituem um outro aspecto, não menos brilhante, do talento multiforme de Ferri.*

Todos os seus discursos, porém, tanto de defesa quanto de acusação, têm, além do seu real valor literário, um alto interesse jurídico: são, verdadeiramente, pequenas monografias de Direito Penal, revestindo a forma de discursos.

Por tudo isso, estão certos do interesse e do bom acolhimento do público, que parecem confirmados pela necessidade da presente edição, que, embora idêntica à 1ª pelo seu conteúdo, vai cuidadosamente revista e, quanto possível, melhorada na forma.

Amor e morte

Defesa de Carlos Cienfuegos, assassino da condessa Hamilton

(*Tribunal Criminal de Roma*)

Ilustres presidentes, senhores jurados:

Nesta hora final de uma rápida e clara discussão judiciária, estou persuadido de que, na vossa consciência, já está esboçada a vossa convicção de julgadores. Todos vimos o acusado e assistimos ao seu interrogatório: através das páginas do processo, que o cuidado e competência do Presidente nos fez escutar, deveis ter sentido delinear-se a conduta humana dos dois protagonistas deste drama sangrento. E, graças à vossa experiência da vida, deve ter-se operado, no espírito de todos, a transformação do sentimento de repulsa e de condenação, em um sentimento de clemência e de piedade.

Estou certo de que esta segunda forma do sentimento humano está no espírito de todos, porque aquele rapaz é bem mais desventurado que criminoso. E por isso, se é esse o estado do vosso espírito, nesta altura do julgamento, a minha função só pode ser uma, bem modesta por sinal: determinar, à face do processo, as razões pelas quais, com a tranqüilidade de consciência das pessoas honestas, poderá proferir um veredicto de absolvição. É esta a tarefa que me impõem os fatos e que sempre me impõe a minha consciência: porque eu julgo que, tanto na vida social quanto na vida judiciária, dizer a verdade, talvez seja um luxo dispendioso, mas é, também, o melhor caminho, não só para poupar tempo a quem tem muitas outras coisas a fazer, e que não terá, assim, de recordar-se de todas as mentiras que teria de arquitetar, como também porque, em substância, quando o palpitar das coisas é como o deste caso, expor por inteiro, clara e limpidamente, a verdade, ainda é a forma mais persuasiva da eloqüência.

E, por isso, quando o representante da acusação pública repetia ontem, a meu respeito, pela centésima vez na minha vida judiciária, aquele cumprimento, um pouco perigoso, de que deveis pôr-vos em guarda contra a sugestão das minhas palavras, que foi reunir-se ao outro cumprimento, que aqui me dirigiu o representante da parte acusadora, dizendo que quando o doente recorre a um médico de fama, é porque sente a saúde muito abalada, eu pensei que se tratava de um cumprimento que, evidentemente, ia colocar-me em uma posição difícil perante vós, e até em face da... concorrência profissional.

Não há "direito de matar"

O Ministério Público deveria, realmente, recear, não a sugestão da minha palavra, mas a sugestão dos fatos, a sugestão dos sentimentos, a sugestão da vida anterior do réu, a sugestão de toda a personalidade desse pobre farrapo humano, que está na vossa presença com as mãos e o peito ensangüentados. Sugestão das coisas e dos fatos, portanto, à qual, sobretudo, eu recomendo o destino deste moço, no vosso veredicto, que será absolutório, sim, mas não será um prêmio para quem matou, como ontem dizia o Ministério Público. Não será a afirmação, nem o reconhecimento, do direito de matar, porque só reconhecemos esse direito nos casos de legítima defesa e de necessidade. Só em tais casos o homem tem o direito de matar, para se salvar de uma agressão injusta ou de um perigo identicamente irreparável: fora deles, ninguém tem o direito de matar. E eu nunca invoquei, nem na cátedra, nem na minha carreira judiciária, o direito de matar para o marido que surpreende a mulher adúltera em flagrante delito; por isso, menos o invoco para o amante que, juntamente com a mulher amada, se aproximou da fronteira tenebrosa da eternidade do túmulo.

Não há direito de matar; mas deveis ver, como a Lei vos exige, qual é a responsabilidade moral e legal do autor da tragédia ocorrida na noite de 6 de março, na "Pensão Dienesen"; é isso que deveis decidir.

Se a decisão for absolutória, não corresponderá, por forma alguma, a uma coroa de louros, nem, certamente, o povo educado e compreensivo da nossa cidade quererá aplaudir o homem absolvido, como, por aberração do sentimento público, algumas vezes se faz.

Quem matou um ser humano, não pode ter direito a aplausos: pode invocar, unicamente, o sentimento humano da piedade e da justiça, que não se distingue da clemência. E é justo que eu implore, de vós, para Carlos Cienfuegos, que tem um nome quase fatídico — porque, em espanhol, quer dizer "cem fogos" —, um julgamento sereno e objetivo, liberto de toda a retórica, mais ou menos sentida e convencional; porque não é preciso retórica, quando a realidade humana palpita assim, viva e fremente, diante de nós.

Amor e crime

O aspecto dos fatos é incontestável. Estamos diante de um homicídio com suicídio frustrado, em seguida ao amplexo de amor, depois da febre e do frenesi que produzem, no momento fugitivo da volúpia, o esquecimento da dor que atormenta, do destino inelutável.

Não é um homicídio por vingança, e ainda menos por ambição ou por brutal malvadez. É o fato sangrento de amor, pois que o amor e a morte, como dizia Giacomo Leopardi, "foram gerados juntos". Amor e morte nasceram irmãos, e mais do que amor e morte nasceram irmãos *amor e crime*.

Amor e crime, porque o crime é a aberração da vontade humana, que desce a ofender os direitos de outrem sem causa justa, levada por uma questão de cegueira moral, como quando se mata, simplesmente, para derrubar a vítima, ou por um regresso selvagem à brutalidade primitiva, como quando se mata por vingança, quando não se pratica o crime no ardor de uma paixão que, sem essa aberração, poderia, talvez sem dúvida, ser circundada por uma auréola de simpatia, e até de admiração, como o sentimento da honra e como o sentimento do amor, que são, em si mesmos, chamas puras da vida humana, e podem, todavia, no delírio da febre, dirigir a mão que bate, que incendeia e que mata.

Amor e crime nasceram gêmeos, inseparáveis como o corpo da sombra.

Quem aprecia recordações literárias, sabe que os nossos poetas latinos, tão profundos na descrição dos sentimentos dos homens, na análise magnífica da personalidade humana, diziam que o ódio é vizinho do amor; é o caso de Propércio.

E a sabedoria, destilada pelos séculos nos provérbios populares, diz que "não há pior inimiga que a antiga namorada"; e ainda, que "o vinagre de vinho doce é o mais forte". Porque esses sentimentos da honra e do amor, que nos limites da vida normal, são a expressão e o fermento sadio e fecundo da existência humana, quando chegam ao excesso, ao delírio, descambam na torpeza, na ferocidade e no assassinato.

Quem goste das coisas literárias, conhece os amores de Alfredo de Musset com Georges Sand, e deve recordar-se como eles, partilhados entre o amor e a aversão, arrastaram uma existência por vezes trágica e sempre egoísta. Por isso, o poeta exclamava, referindo-se à mulher amada: "não posso viver contigo, nem sem ti!".

E quem sinta prazer em recordar coisas da história, sabe que entre os reis da Inglaterra houve um que foi o exemplo mais impressionante dessa fraternidade inseparável entre o amor e o crime. Henrique VIII de Inglaterra, rei extraordinário sob esse ponto de vista, que teve seis mulheres, uma após outra, pois não poderia, legalmente, ter as seis a um tempo. E a história afirma que casou com todas à face da Lei.

Pois bem: Henrique VIII, que foi cognominado "Defensor da fé" pelo pontífice Romano, quando se opôs à reforma protestante de Martinho Lutero, mas que depois se tornou Chefe do cisma anglicano, para se vingar do Papa, que não lhe quis conceder o divórcio da primeira mulher, casou com seis mulheres, mandando, para isso, decapitar duas, a segunda e a quinta: Ana Bolena e Catarina Howard.

E não sei se será mais misterioso o fato humano de um homem fazer decapitar duas vezes a companheira da sua vida, ou o fato dessas mulheres se prestarem a casar com um homem que já dera aquele exemplo pouco animador... Mas isso confirma que o amor anda vendado, ou é cego; é a mais humana das paixões, mas é a mais terrível de todas!

O amor tem uma escala infinita e indefinível de graus e de colorações, desde o ritmo tranqüilo do amor de Tadeu e Veneranda, que Giuseppe Giusti descreveu maravilhosamente, até à loucura de Otelo, que Shakespeare esculpiu na consciência da humanidade civilizada, por forma inesquecível. E Otelo suicida-se, subitamente, depois de ter beijado e assassinado Desdêmona adormecida.

Por conseguinte, a tragédia ocorrida em 6 de março, na Pensão Dienesen, é um episódio de amor e crime, é um homicídio com suicídio do amante, em que não sabemos qual será mais desventurado: se aquela a quem a morte fulminou, ou aquele a quem a morte não quis, e espera, agora, confiadamente, o vosso julgamento.

Paixão e crime

O Procurador Geral, na sua querela escrita, observa (volume 4º dos autos) que "Carlos Cienfuegos, estudante de Engenharia em Berlim, e Bianca Hamilton, jovem esposa divorciada, de família nobre, encontraram-se em Berlim, desejosos ambos de aventuras e já experientes no frenesi do amor".

É, portanto, o próprio Procurador Geral quem fala em frenesi do amor, porque a realidade das coisas, nessa vida de dois seres jovens e ardentes, é tal, que não pode deixar de falar-se em frenesi, e também (como direi dentro em breve) de enfermidade mental, que é o terceiro quesito a que tendes de responder. Por conseqüência, enfermidade mental e loucura amorosa, são reconhecidas, talvez contra vontade, até pelo próprio acusador público, porque a realidade das coisas humanas assim o impõe, com a força incoercível do drama passional.

Vou agora demonstrar, senhores jurados, como o meu pedido de absolvição corresponde, no caso atual, à nossa Lei; que lhes peço um veredicto conforme a Lei e não contrário a ela. Porque eu julgo que só obedecendo à Lei se conserva, firmemente, o fundamento da nossa vida social; obedecendo todos à Lei, a começar pelos Juízes.

E não posso admitir que os jurados — na soberania intangível das suas consciências — possam proferir um veredicto contrário à Lei porque isso seria a subversão de todos os princípios da vida social. Os jurados — como os Magistrados técnicos — só podem proferir o seu veredicto de acordo com as normas da nossa Lei; mas devem também proferi-lo de acordo com aquelas normas de justiça humana, fixadas na sua consciência honesta pela experiência da vida, como pais de família, como pessoas que, com o seu trabalho cotidiano, contribuem para a vida dessa imensa e infatigável colméia humana, que é a sociedade dos homens.

E agora, para que todos possam convencer-se de que a absolvição de Cienfuegos está de acordo com a nossa Lei e com as normas da justiça, é preciso que eu — antes de iniciar o exame dos fatos da causa — chame, por uns momentos, a vossa atenção, para as relações entre a paixão e o crime.

O crime cometido em 6 de março, na Pensão Dienesen, é um crime passional. Isso não oferece dúvidas. E é um delito de amor; e o amor é a mais humana e a mais terrível das paixões!

Por conseqüência, o crime provocado pelo amor contrariado, é um crime passional, por excelência.

Mas quais são as relações entre o crime e a paixão? As relações que constituem a vida cotidiana de todos os seres humanos — como de todos os seres vivos —, as quais, na grande maioria dos casos, não chegam ao conhecimento do público e se esvaem na penumbra, desaparecendo nas baixas camadas da vida anônima, mas que, às vezes, por uma erupção sangrenta, atingem o fastígio da arte, como nas figurações imortais de Shakespeare e de Dante, ou, como no presente caso da vida real, levam à trepidante ansiedade do julgamento público.

As leis humanas não podiam deixar de ocupar-se dessas relações entre a paixão e o crime porque não podiam deixar de ser impressionadas pela freqüência dos crimes determinados pelo turbilhonar de uma paixão.

O primeiro e mais espontâneo critério que elas seguiram, foi o de considerar a intensidade da paixão, dizendo: quando a paixão é forte, diminui a responsabilidade, a ponto de se chegar a ser fortíssima, fazer desaparecer toda a responsabilidade. Se, pelo contrário, a paixão é leve, se o termômetro da febre humana só levemente se altera, a responsabilidade em nada será diminuída. Esse critério não é admissível e teve de ser abandonado porque a intensidade da paixão não fornece um critério, nem moral, nem social, nem legal, para a julgar em si mesma e nas suas mortais repercussões.

Quando eu (há já tantos anos!) percorria as cadeias para estudar os criminosos — porque, para conhecer o espírito dos delinqüentes, é necessário observá-los onde se encontram, e não imaginá-los, com uma fantasia mais ou menos lógica, como a do pintor que, nascido e criado sempre na planície, pintasse montanhas imaginárias, sem nunca as ter visto — encontrei uma vez um assassino por vingança, condenado a prisão perpétua, que confessava o seu crime, e que, perguntando-lhe eu se não tinha pensado no horrível destino que o esperava, quando premeditara e preparara o crime, me deu esta resposta shakespeareana: "Quando se traz a vingança no coração, nem em comer se pensa!", o que equivale, também, a dizer que a própria vingança pode atingir um tal estado de intensidade, que constitua um delírio, uma obsessão, aquilo a que os psicólogos chamam monomania, isto é, a tirania de uma idéia, de um sentimento, que paralisa e exclui a influência de qualquer outra idéia ou sentimento, que pudesse deter o homem no cumprimento daquilo que ele julga ser o seu dever.

Pois bem: deverá ser absolvido o homem que mata por vingança, chegada ao grau do paroxismo? Eu digo que não; não, não deve ser absolvido, não pode ser absolvido quem mata por vingança, ainda mesmo que esse sentimento tenha atingido o ponto máximo da sua intensidade impetuosa.

Foi Carrara, um grande criminalista italiano, quem disse: "É preciso ver se as paixões são cegas ou permitem raciocínio".

As paixões que dão tempo e possibilidade de raciocinar, não tiram a responsabilidade; as que cegam o clarão da razão, produzem a irresponsabilidade.

Esse critério aproxima-se um pouco mais da justiça humana, mas ainda não é o verdadeiro.

Disse mais Carrara: "São paixões cegas o amor e o medo, são paixões raciocinadoras a vingança e a cupidez". Portanto, quem comete um crime por vingança ou por cobiça, cedendo a uma paixão raciocinadora, deve ser condenado; quem delinqüe por amor ou por medo, deve ser absolvido porque a paixão é cega e impede o uso da razão.

Paixões sociais e anti-sociais

Todavia, não é ainda essa a inteira verdade humana porque pode haver quem sinta a vingança ou a cupidez a ponto tal que lhe perturbe o uso da razão, e então, deveria ser absolvido, logicamente, quando é certo que o não pode ser à face das leis morais e positivas, que imperam no nosso atual estado de civilização.

Eu próprio tive ocasião — no campo da ciência penal — de fazer uma distinção diferente. E disse: é necessário distinguir as paixões no seu conteúdo e qualidade, é necessário distinguir a paixão social — que é útil à espécie — da paixão anti-social — que só pode prejudicá-la. Como quem dissesse, mas com palavras menos exatas, por serem menos compreensivas: paixões morais e paixões imorais. O crime pode ser provocado por uma paixão inumana, anti-social e, então, não pode absolver-se quem o pratica. O crime pode, pelo contrário, ser provocado pela aberração de uma paixão social e moral, e, nesse caso, deve absolver-se o seu autor, porque a paixão é, em si mesma, moral, desculpável, nobre, útil à espécie.

A paixão que aumenta e reforça e nobilita as razões e a coesão da sociedade humana, como o amor, a honra, a justiça, a piedade, é uma paixão útil à espécie, e até moral e social. Pelo contrário, a paixão que desagrega e embrutece a união humana, como a vingança, a cupidez, o ódio, é uma paixão prejudicial à espécie e, por isso, imoral ou anti-social.

Por que razão não deve ser absolvido o assassino por vingança? Porque a vingança é uma paixão anti-social. E por que não é Otelo perseguido pela antipatia, nem pelo desprezo, apesar de homicida? Porque o amor e a honra são paixões nobres, humanas, generosas, e só por aberração momentânea geram o crime ou o suicídio, ou uma e outra coisa. Até o amor de mãe, que é aquilo que de mais sublime o coração de uma criatura humana pode dar, na nossa existência de esperança e de dor, até o amor maternal pode conduzir ao crime! Mas a mãe é absolvida porque o amor materno é a mais nobre, a mais moral, a mais admirável das paixões humanas, e se, na sua aberração, leva a matar o concorrente do filho, a roubar ou a incendiar, para salvar o filho de um pretenso perigo, a mãe é absolvida, e não conheço juízes populares ou togados que, em tal caso, condenem.

Que espécie de paixão levou Cienfuegos a matar? Foi uma paixão social e desculpável, ou foi uma paixão anti-humana e ignóbil? É esse o primeiro problema que vos apresento.

Cienfuegos matou por amor: por aberração do amor, é possível! Mas a aberração não tira a sua essência humana à paixão que o impeliu, a qual, amor ou honra, porque é útil e necessária à vida da espécie humana, nunca poderá conduzir ao crime ou ao suicídio, a não ser por uma aberração transitória, que, como por profunda e incoercível erupção vulcânica, faz jorrar a torrente de lava incandescente e sanguinolenta.

"Amor, conduz-nos para a morte", diz o nosso grande poeta. E ontem, quando o Ministério Público, com uma atitude mais feroz do que aquela que lhe estava no pensamento pedia a condenação de Cienfuegos, e queria, até, negar esta verdade: que a paixão, mesmo a mais nobre e generosa, pode levar ao crime, deu-se, por um momento, no meu cérebro, uma pequena vibração cinematográfica. E pensei: gostaria de ver o egrégio representante da acusação pública ler o divino canto de Dante acerca da Francesca de Rimini, e depois indicar o artigo do Código que deve aplicar-se ao caso de Paolo e Francesca!... São dramas humanos, são desventuras que levam à beira do túmulo ou ao sepulcro eterno, e que devemos lamentar com sentimento humano. Nessas condições, aplicar, a sangue frio, aquilo que exprimem as palavras da Lei escrita, no seu aspecto exterior, sem aprofundarmos as suas razões e o seu significado humano, sem vos colocar a vós, juízes, com o trabalho da vossa consciência, nas condições em que se encontrou o autor do crime "no momento em que o praticou", como diz o artigo 46º, do nosso Código Penal, seria não fazer justiça, porque essa é uma proporção de homem para homem e não o nivelamento mecânico, de acordo com as fórmulas legais, das mais diversas variedades de criaturas humanas e das mais diversas circunstâncias ou conjunturas da sua existência.

Assim é que, o delito passional, mesmo quando a paixão tenha chegado à aberração, a ponto de repugnar a quem, do exterior, olha para as ondas do seu oceano tempestuoso, deve ser julgado, não, decerto, com paixão da parte do Juiz, mas de harmonia com a paixão que impeliu o que está a ser julgado.

"Vênus homicida"

Tenho de fazer uma última observação de ordem geral, para boa interpretação dos documentos da causa, que vou passar a expor-vos, e é esta: qual é a razão por que o amor arrasta, tão facilmente, ao crime e até ao suicídio? O amor é uma das causas mais freqüentes de crimes e suicídios, por quê? É essa a pergunta a fazer. O fato em si não oferece dúvidas. Já Plutarco, no seu livro sobre o amor, fala na "Vênus homicida", que é a expressão dessa indissolúvel ligação entre o amor e o crime.

Por amor se bate na pessoa amada, e até, por vezes, esta gosta de ser batida. Nas pessoas menos cultas — como regra geral —, nas pessoas intelectualmente mais elevadas — como fenômeno ocasional e patológico —, o amor, em vez de diminuir, aumenta com as sevícias e os maus tratos, e assim, as misérias do masoquismo levam às violências do sadismo, que são as doenças do amor e a sua gangrena.

A amante gosta, às vezes, por exemplo, de ser batida à bengalada pelo seu homem, em certas camadas sociais onde impera demasiadamente a violência — que é a aberração da força; mas aí falta a educação — e a vida é feita de miséria —, e o amor recorda ainda as suas origens de violência do macho conquistador sobre a fêmea relutante, chegando, por vezes, ao estupro homicida. O amor nasceu com a violência. Nas florestas da humanidade primitiva, o macho impunha-se, violentamente, à fêmea esquiva e possuía-a pela força. E só a lenta e dificultosa elevação moral, de geração para geração, do Oriente místico até à Grécia bela, até à poderosa Roma, consegue purificar e imprimir uma certa delicadeza ao sentimento do amor, no qual, porém, palpita sempre, bem viva, a recordação nostálgica da violência primitiva.

O amor é uma paixão que não pode viver separada da violência. Por amor se persegue, por amor se calunia, por amor se mata e por amor se morre. Por quê? É esta a explicação que desejo dar-vos, visto que Carlos Cienfuegos se encontrou nessas condições, em conseqüência do seu amor desgraçado por aquela infeliz mulher, da qual mais adiante falarei com aquele respeito que é devido aos mortos.

O amor no homem e na mulher

Cienfuegos foi arrastado ao homicídio e ao suicídio frustrado, porque passou e viveu as variadas fases que o amor atravessa no homem. Na verdade, quando falamos de amor, é preciso distinguir o amor da mulher, do amor do homem. São duas expressões profundamente diversas.

O amor na mulher é, somente, o anúncio e a esperança da maternidade. E é por isso que o amor da mulher, em vez de ser um episódio, como no homem, é, mais freqüentemente, a razão de ser, de toda a sua existência. E é ainda por isso que, geralmente, as mulheres são frias no amor. As Messalinas, as mulheres que se aproximam dos homens com um desejo insaciável, são raríssimas exceções. O que se diz a respeito das senhoras mais ou menos em vista na cidade, atribuindo-lhes diversos amantes, não passa de mentirolas de maldizentes desocupados, e não corresponde à realidade. A mulher tem uma função sublime, que lhe traça todo o seu destino: a maternidade. A maternidade, que é um incomensurável sacrifício de energias orgânicas e psíquicas, para a criação de um novo ser, através da gravidez, do parto e da amamentação. A maternidade, que mostra a superioridade dos sentimentos altruístas da mulher, em confronto com o homem, mesmo de idêntica raça e classe social, e a sua inferioridade em poder intelectual e força muscular.

O amor, para a mulher, não passa, portanto, da estrada florida e dolorosa que leva à maternidade, quando não é vitupério e transação imposta pelos tormentos da miséria que desumaniza ou do orgulho delirante. Para o homem, é inteiramente diferente.

Para o homem, para o macho, o amor é, antes de tudo, a volúpia dos sentidos, o convite misterioso e irresistível da vida: por isso, o homem, com a paternidade, paga à continuação da espécie um tributo imensamente menor, de energia física e moral. Pode o amor, mesmo no homem, transformar-se, e tornar-se mais sólido e mais puro, com o afeto, a estima, a solidariedade moral nos momentos de dor e na irradiação das alegrias compartilhadas com a mulher amada. Mas no homem — e Cienfuegos é um homem —, deveis ver o amor através das suas manifestações e das diversas fases da sua trajetória, conforme a idade, para avaliar a responsabilidade humana segundo a realidade dos fatos e não por fantasmas lógicos e morais, bem distantes da vida.

De certo, nada corresponde melhor às realidades do amor do que a imagem do Deus Pã: pés de cabra e corpo humano, com a fronte azul, a significar que o homem nasce e vive na terra e no lodo, mas que se eleva para o azul do céu. É o caso do amor, que brota do mais profundo do instinto sexual e dos sentidos mais repelentes, para se elevar ao azul etéreo dos mais sublimes pensamentos e sentimentos. Todas as artes humanas, nos seus aspectos multiformes e na irização infinita das suas formas plásticas ou ideais, vão procurar no amor a sua inspiração.

"Vênus Afrodite" e "Vênus Pandemia"

Cienfuegos passou pelas diversas fases que o amor, geralmente, atravessa nos homens, nos machos; todos nós fizemos a mesma experiência, naquele período crítico da aurora do amor, que é a puberdade. Todos nós experimentamos, na nossa primeira juventude, esse despertar do sentimento de conservação da espécie, de que provém o amor, com intensidade quase inextinguível. E sabemos que, na primeira juventude, as primeiras palpitações de amor, são de amor sentimental. A mulher é um ideal, e os sentidos, o amplexo físico, estão ainda na penumbra e quase parecem deturpar a beleza da adoração sentimental.

Estamos em face da "Vênus Afrodite", a Vênus que surge, segundo o mito Grego, da espuma do mar, nua e pura.

Mas, depois dessa primeira fase, surge uma segunda, a da "Vênus Pandemia e Lasciva". O amor sentimental transforma-se em amor sensual: a taça do prazer inebria e envenena, com o seu cortejo de excessos e de abusos da vida; com os excessos eróticos, surgem os excessos das bebidas e dos excitantes, e até as cantáridas e coisas parecidas, que a Hamilton tinha rabiscado no seu livrinho de apontamentos...

O amor passa, quase sempre, durante muito ou pouco tempo, por essa fase desumanizante dos excessos sexuais. A mulher pouco se entrega. Nos excessos sexuais não é, por isso, a mulher quem mais sofre, porque no amplexo permanece passiva e todo o seu tributo e sacrifício, orgânico e psíquico, é reservado para a maternidade; o homem, pelo contrário, esgota-se, tanto física quanto intelectualmente.

Passadas essas duas fases, que todos nós vivemos, mais ou menos, no âmbito do normal e do honesto, surge uma terceira fase do amor: o amor razoável, o amor que cria a família, aquele que os antigos Romanos representavam na figura de Juno Lucina, a deusa das luzes e do nascimento. E surge, então, a tranqüilidade do espírito e a solidariedade da vida entre marido e mulher, com o fim de ver os frutos de carne do amor — os filhos — virem alegrar a nossa virilidade e trazer o conforto da última saudação à nossa decrépita velhice.

Carlos Cienfuegos não chegou a esse ponto, mas desejava, contudo, intensamente, fazer de Bianca Hamilton sua mulher, a mãe dos seus filhos. Cienfuegos foi apanhado pela tormenta, e arrastado para o crime, na segunda fase, a do amor sensual.

Amor e vontade

Mas qual é a razão porque o amor, quando passa da "Vênus Afrodite", o amor sentimental, para a "Vênus Lasciva", o amor sensual, leva, facilmente, ao crime ou ao suicídio?

A razão é esta: o amor no homem, no macho que se entrega aos excessos sexuais, corrói e paralisa, sobretudo, a força de vontade. O amor, mesmo quando levado aos excessos da luxúria, não prejudica a inteligência — antes, até, por vezes, a excita —, nem dificulta a imaginação, pois são, no geral, os artistas que, por virtude do seu temperamento, quando são artistas inatos, utilizam os excessos sexuais, como chicote para despertar a sua fantasia. Para prová-lo, basta ler esse inigualável documento de psicologia individual e social, que é a autobiografia de Benvenuto Cellini. Os excessos sexuais são, para o artista, o excitante da sua imaginação criadora de fantasmas.

Mas o amor fere, apunhala a força de vontade.

Post coitum, anima tristis, diz o velho salmo, porque no macho, o momento da volúpia, se é transitório e fugitivo, não passa da expressão da vida, da força vital; mas insistentemente repetido, deprime, paralisa, tolhe a vontade, que é a energia decisiva da vida.

Ora, senhores jurados, apesar de um preconceito vulgar dizer que o crime é um produto da força de vontade, a verdade verdadeira é que o crime é, sempre, uma forma de fraqueza da vontade: porque até pode delinqüir um homem honesto, em um momento transitório de febre e de delírio, mas só porque, então, a vontade é fraca e não sabe resistir ao impulso do crime; os freios inibitórios da sua vontade estão paralisados e o homem comete o crime.

O excesso de amor sensual mutila, obscurece, esfarrapa a vontade do homem; e é por isso que o amor, quando em excesso, arrasta ao crime, que é uma manifestação de fraqueza de vontade.

A Bíblia, que é o grande livro da sabedoria humana, fala de um juiz dos Hebreus (os juízes eram, então, uma casta social) chamado Sansão, que era célebre e temido pela sua força. Mas diz a lenda bíblica que a sede da força de Sansão eram os seus cabelos. Ora, sucedeu que Sansão se enamorou de Dalila e que esta o traiu, vendendo-o aos inimigos, exigindo-lhe, por isso, a cabeleira como presente de amor. Sansão, cheio de medo, recusou-se a satisfazer-lhe o pedido, pois bem sabia que toda a sua força estava na cabeleira, e que, perdendo-a, passaria a ser um joguete nas mãos dos seus inimigos. Mas o amor foi mais forte que Sansão. E Dalila, como todos sabem, cortou, traiçoeiramente, o cabelo a Sansão adormecido, provavelmente depois do amplexo de amor, e Sansão foi, por isso, feito prisioneiro, e, como qualquer carneiro, levado para o Templo, onde os cabelos lhe cresceram de novo. Então — com a forçada castidade — readquiriu a força perdida e pôde vingar-se, derrubando o Templo.

Esse símbolo bíblico é a confirmação do que eu disse anteriormente. Dalila, que corta os cabelos a Sansão e lhe faz, assim, perder a força de vontade e a energia para a luta é a expressão sincera e profunda da ação paralisadora do amor sensual sobre a força de vontade humana.

E é por isso que Zola diz uma luminosa verdade quando afirma que "o homem casto é o homem forte"; por isso, a Igreja Católica, que é uma instituição com larga experiência humana e grande sabedoria prática, ordenou que os seus soldados, os sacerdotes, guardassem castidade — a qual, se nem sempre é absolutamente observada, porque as Leis naturais não suportam cadeias, é, contudo, um dique permanente contra a facilidade permitida dos excessos e abusos do amor sensual.

Se isso é verdadeiro, por ser o que se conclui da experiência de todos, vejamos se as observações, que eu tive a honra e o prazer de expor, acerca das relações entre a paixão e o crime e da influência do amor sobre a vontade humana, vejamos, repito, se essas observações são confirmadas pelos atos de Carlos Cienfuegos e de Bianca Hamilton e pela conclusão trágica das suas duas mortes, uma levada a efeito até ao túmulo e a outra detida no limiar do sepulcro.

Fotografias obscenas

Cienfuegos e Bianca Hamilton ultrapassaram a primeira fase, a da Vênus Afrodite, a do amor sentimental. — A mulher, devem recordar-se, era divorciada e prática nas coisas do amor.

Cienfuegos teve um primeiro período de fase sentimental. Há uma carta sua para Hamilton, trazida ao processo pelo juiz de instrução, da qual transparece a expressão da sua sentimentalidade platônica, não platônica no sentido de ignorar ou de desprezar o amor sensual, mas platônica no sentido de admiração ideal pela mulher. Lembra-se daquela carta em que ele descreve à sua amada distante a vida dos dois canários na gaiola? É uma saborosa descrição no gênero da *Boêmia*. Tem o perfume de um amor tranqüilo, fresco e burbulhante, como fonte que se abre na nossa frente, em pleno bosque, em um quente dia de verão. Pois bem! Cienfuegos vivia, então, em plena fase de amor sentimental; mas a mulher, Dalila sem que ele fosse Sansão, arrastou-o para o amor sensual.

Viram aquelas fotografias obscenas! Eu não posso conceber, talvez por ser, nesta matéria, um homem muito normal, que aquelas fotografias pudessem servir de excitante afrodisíaco. E, no entanto, eram-no para Bianca Hamilton, que praticou a fotografia a nu com o seu primeiro marido e a exigiu ao amante Cienfuegos. Eu julgo que, sobre todos vós, elas produziram a mesma impressão que sobre mim. E foi Bianca Hamilton quem as mandou tirar!

Se não o tivesse querido, não se teria prestado a ser fotografada, à luz do magnésio, nessas posições venéreas: se essa mulher tivesse o sentimento da própria dignidade, teria permitido tudo, menos isso.

Mas nós temos nos autos uma carta dela, a carta nº 17 das que eu hoje apresentei e que o ilustre Presidente mandou juntar aos autos, na qual escreve: "Já revelaste as fotografias?". É isso que ela pergunta a Cienfuegos e, por conseguinte, deseja vê-las. Estamos diante de uma verdadeira Dalila, que sabe que o homem, com a energia da sua vontade amarfanhada pelos excessos sexuais, se torna escravo da mulher.

Um clarão de arrependimento

Cienfuegos teve, em dado momento, um clarão de arrependimento da vida que levava com Bianca Hamilton, dessa vida de excessos sexuais.

É fácil compreender que o réu bebia muito, porque Baco e Vênus são inseparáveis: os excessos sexuais deprimem; vem, então, a chicotada do álcool, do conhaque, do champanhe (que se vende bem caro!), e talvez as inalações de éter, quando não se chega à torpe aberração dos excitantes afrodisíacos. A *Naná*, de Emílio Zola, constitui um dos quadros mais verdadeiros e sugestivos dessa aberração desumanizante. E Cienfuegos, em uma carta que está no processo, escreve a Bianca, então longe dele: "Oh! minha amada, ainda que o não queiras, tenho de estar triste, infinitamente triste; essas fotografias são a minha completa ruína".

Ele teve, portanto, um intervalo lúcido, quando os membros fascinadores da mulher amada deixaram de estar ao alcance do seu olhar febril, quando deixou de estar sob o frêmito da carne; e ao contemplar as torpes imagens descoloridas, sente a sua consciência despertar um pouco do torpor psíquico em que está mergulhada, e diz "...são a minha ruína, o meu embrutecimento!". A palavra "ruína" — quero lembrá-lo ao egrégio representante do Ministério Público —, não se referia a dinheiro. Isso nunca o disse Cienfuegos.

M. P. — Mas, no interrogatório, foi o próprio Cienfuegos quem disse: "aquela mulher custou-me muito dinheiro e foi a minha ruína".

Ferri. — Exatamente; ele disse: arruinou-me, mas não o disse pelo dinheiro. Primeiro fala no dinheiro (talvez para afastar de si a suspeita de que o dinheiro fosse dado pela mulher!) e depois conclui: "e foi a minha ruína".

Só com uma dosimetria psicológica, de cinco centésimos por quilo, é que se pode dar uma interpretação mercantil a esse grito da sua alma. A psicologia humana, pelo contrário, explica-nos o que ele quis dizer ao ser interrogado: "arruinou-me, porque me arrastou à presença do juiz instrutor!". E ele falava — tanto no cárcere quanto na cama da enfermaria —, falava, semimorto, para o juiz de instrução. — Vejo que, contrariamente às contorsões do Ministério Público, o Senhor Presidente parece ser da minha opinião, e agradeço-lhe.

A carta continua: "Não sei o que faço nem o que devo fazer. Repito-te que bebo tremendamente e que a tua recordação me atormenta, sem descanso, a todo o momento: espero não me deixar vencer pelo desespero".

Vejam, senhores jurados, que em todas essas cartas, encontradas em poder de Bianca Hamilton, quando Cienfuegos diz: "tu quiseste ir para a Itália, apesar da minha discordância e da de teu pai", não faz ameaças, limitando-se a dizer: "Não tornarás a ver-me". É um homem que pensa no seu próprio desaparecimento, que pensa em não voltar a ver a mulher que o atormenta; mas é um homem que, no estado normal, não traz a idéia do homicídio no horizonte da sua consciência.

A idéia do homicídio só surge, imprevista e fulminante, na cena do quarto da Pensão Dienesen; tanto assim, que o Ministério Público não se atreveu a dizer, ontem, uma única palavra acerca da premeditação porque compreendeu muitíssimo bem que falar, diante de vós, em premeditação por parte de Cienfuegos seria o mesmo que pretender encobrir a luz do sol.

M. P. — Eu disse precisamente o contrário!

Ferri. — Repito que não falou (e quem cala não diz nada) da agravante da premeditação. Eu posso testemunhá-lo, e comigo os que estão próximos do meu lugar e ouviram o mesmo que eu. Na sua acusação, o Ministério Público não falou na agravante da premeditação; se, depois, no meio do seu discurso, alguma vez se serviu da premeditação como esqueleto dos seus argumentos, não posso afirmá-lo; mas creio que não.

Não digo isso para fugir ao exame da premeditação. Quando falar aos senhores jurados das perguntas a que têm de responder, para lhes dizer qual é o monossílabo que, com inteira justiça, deve ser a resposta para todos os quesitos, falarei então da premeditação.

Por agora, continuemos, recordando que Bianca Hamilton era uma mulher que sofria dos órgãos genitais. Os ferros cirúrgicos tinham-lhe extraído um ovário. Era, portanto, uma mulher anormal, porque, quando lhe é negada a função da maternidade, a mulher desumaniza-se, mais ou menos, no sentido de que vem a cair em uma vida de excessos e de irregularidades, que irradia à sua volta corrupção, abjeção e ruína, ou perde os atrativos do seu sexo e aparenta uma atividade viril, constituindo aquilo a que é costume chamar-se o terceiro sexo.

Egoísmo de amor sensual

Bianca Hamilton só sentia a volúpia egoísta dos sentidos e do gozo: nenhuma missão de caridade ou de regeneração a atraía; e utilizava a sensualidade erótica, produto irresistível da sua beleza corpórea, como se fosse aquele filtro mágico que a tradição popular imaginou: era uma dessas mulheres que enfeitiçam os homens.

Isso revela-se através de quase todos os episódios mais notáveis do processo e através de uma carta dela para Cienfuegos, que eu apresentei: "Deves vir. Quero apertar-te nos meus braços. Quero encostar a tua cabeça ao meu peito. Quero beijar-te... (e escrevia isso quando estava em um hospital de Copenhague) quero beijar-te até sentir febre, até desfalecer de felicidade e de volúpia... Vem, portanto, vem. Vem, nem que seja só para me bateres". Era assim Bianca Hamilton. Não Vênus Afrodite, mas Vênus Lasciva, e mais do que isso, Vênus Pandemia, isto é, facilmente acessível a todos, da qual se poderia dizer como o poeta: "toda a multidão da estrada passou sobre o seu corpo".

Homicídio-Suicídio

E, por conseguinte, da intimidade dessas duas criaturas, Cienfuegos e Bianca Hamilton, só podia resultar uma coisa estranha, irregular e frenética, umas relações que dessem o delírio da volúpia, fizessem desaparecer o sentimento do pudor e paralisassem os freios da vontade. Dir-se-á: mas tudo isso é imoral! Não o nego; mas observo que, neste caso, a imoralidade parte da mulher e que Cienfuegos não é um imoral que, por sua iniciativa, intoxica e gangrena o espírito de uma mulher.

Ele tem uma vida honesta e normal, de trabalho e de estudo, com aquela percentagem de amor que a sua idade e os costumes dos grandes centros urbanos impõem a todos. Está enamorado, perdidamente, cegamente, desesperadamente enamorado de Bianca Hamilton, que o traz preso a ela pelo filtro mágico da sua fácil beleza lasciva: e pensa em casar com ela, em levá-la, para sempre, para o seu País. Por isso, se um dia, em um momento trágico da sua vida, chega ao homicídio e ao suicídio, não é a imoralidade que o arrasta ao crime, mas, sobretudo, a aberração momentânea de uma paixão desculpável e generosa, o amor, que lhe tira a energia de querer e o torna menos firme no caminho da vida.

É unicamente sob esse ângulo visual que vós, juízes humanos, deveis e podeis julgar a responsabilidade do réu, no momento em que cometeu o crime, sem que façam desviar e obscurecer a vossa consciência certas preocupações, nobres em si mesmas, quando olhadas em abstrato, mas que nada têm de ver com o caso.

Não tendes de responder a um quesito filosófico sobre as relações matrimoniais ou extramatrimoniais entre o homem e a mulher; deveis julgar esse rapaz só por aquilo que fez, contra outra pessoa e contra si próprio, nas circunstâncias resultantes da sua personalidade e da conjuntura difícil em que se encontrou.

Dir-se-á ainda: semelhantes fatos são o produto novo e doentio da civilização moderna. Não e não! Fatos desses, em todos os tempos ocorreram.

Quando, nesta bela e incomparável cidade de Roma, tiverem tempo e desejo para admirar, nas galerias e nos museus, todas as belezas que o gênio da nossa gente, e de alguns estrangeiros, produziu, poderão observar e admirar, no Museu Nacional, a Estátua do soldado gaulês homicida e suicida. É um soldado que segura com a mão direita o corpo exânime da mulher amada, morta às suas mãos, e que, ao mesmo tempo, crava no próprio peito a sua curta adaga, para morrer. Essa estátua, da escola de Pérgamo, no século III da nossa era, demonstra que, se o ignorado artista julgou útil e estético representar o fato do amante que mata a mulher amada e se suicida depois, é porque semelhantes fatos não são um triste privilégio da nossa época.

O amor nasceu juntamente com o homem e sempre o tem deliciado, torturado e perturbado. A diferença está, unicamente, em hoje, graças à Imprensa cotidiana, termos, com maior freqüência e publicidade, conhecimento de tais fatos. Se amanhã um milionário americano cometer em Nova Iorque um crime de amor, toda a gente o saberá logo e tomará interesse pelo caso; e é exatamente por melhor os conhecermos, que temos a impressão de que esses crimes estão na ordem do dia.

Tais fatos demonstram, de certo modo, que há uma inseparável relação humana entre o amor e o crime e tanto mais quando os dois protagonistas são Carlos Cienfuegos e Bianca Hamilton.

O protagonista

Quem é Carlos Cienfuegos, à face dos dados processuais? Todos o sabem.

Carlos Cienfuegos ainda não tem 30 anos, e está, portanto, no primeiro período, o do amor sentimental e platônico. Nasceu no Chile, em uma região característica da América do Sul, daquela América Latina que foi conquistada e povoada pela Espanha e por Portugal. Os chilenos têm muito da psicologia dos insulanos, porque estão separados do mundo, visto que o Chile é uma estreita faixa de terra que vai da Patagônia até ao Equador; de um lado tem o Oceano e do outro está separado da América do Sul pela altíssima cordilheira dos Andes.

Já lá estive, e recordo-me sempre dessa terra com profunda simpatia.

Os chilenos têm características especiais, que os distinguem, por exemplo, dos argentinos e dos brasileiros; são uma raça mais forte, um cruzamento de crioulos com a primitiva raça araucana, talvez a mais forte das populações indígenas da América.

São lavradores, gente de uma notável força de vontade, que é muito menos acentuada no Brasil ou na Argentina, e entregam-se também menos aos excessos sexuais, apesar dos chilenos estarem, igualmente, naquelas condições fisiológicas que encontrei em toda a América do Sul, na qual predomina a facilidade do abuso sexual. Talvez o clima quente e úmido, como no Brasil, produza aquela fraqueza irritável do sistema nervoso, aquele erotismo nervoso, que leva ao abuso sexual cotidiano.

Isso mesmo disse eu aos americanos, quando eles falavam, publicamente, do fato, como de uma fraqueza daquela civilização ainda e a pleno desenvolvimento, mas com um grande e belo futuro. Cienfuegos é um chileno, e tem, portanto, essa predisposição da sua raça. É de boa família. Ouviram ler o depoimento da governanta da casa Hamilton, na Suécia, que tinha colhido informações seguras acerca da família de Cienfuegos, por intermédio de um amigo diplomata. Tanto assim, que a divorciada Hamilton teve o propósito de casar com Cienfuegos e procurou saber, sobretudo, se era rico, pois, como declarou em uma das suas cartas, queria arranjar outro marido, depois de obter o divórcio do primeiro. Divorciou-se porque, dizia ela, queria conhecer a vida... chamava àquilo conhecer a vida!

O pai do acusado tinha-se doutorado em Medicina, na Universidade de Berlim. Sei que era professor de Oftalmologia na Universidade de Santiago e Presidente do Conselho Nacional de Saúde Pública. E aquela Ida, que escrevia a Hamilton, dizia que o pai de Cienfuegos deixara, ao morrer, uma fortuna de 300 a 400.000 pesos, correspondendo há um pouco mais em francos.

E dizia a informação que a família é muito conhecida e estimada no Chile. Portanto, o acusado é um chileno de família culta, instruída, fina, e tem um temperamento especial, que nos explica a sua maneira de proceder. Porque não é possível julgar-se nenhum homem, que, para isso, compareça na nossa presença, quer tenha morto por amor, por cupidez ou por vingança, sem estudar a sua personalidade e o seu temperamento, para ver se esse temperamento é uma desventura ou uma força, que ele trouxe consigo ao nascer.

Cienfuegos é um imoral? O Senhor Presidente fez, no início deste processo, uma profunda e verdadeira observação de psicologia humana — e digo profunda por ter sido feita por ele.

Conheço o Presidente (Aristo Mortara), pois fomos companheiros no Liceu de Mântua, nas aulas do Professor Roberto Ardigo, e por ser assim, o fato de ter a honra de falar na sua presença, neste julgamento, é para mim uma satisfação e um júbilo imenso, em vista da amizade fraternal e sincera que nos une.

O Presidente, quando verificou, ao mostrar-vos as peças do processo, que Cienfuegos trazia na carteira as fotografias eróticas juntas com o retrato do filho, nascido das relações com a amante anterior, alemã ou americana, disse, com toda a justiça: "Mistura do sagrado com o profano". Isso é verdadeiro, e característico para descrever o homem. Este é um indivíduo que adora o filho nascido dos seus amores com outra mulher, a quem abandonou quando caiu no abismo da Hamilton; mas não despreza o filho, o sangue do seu sangue, e traz consigo a fotografia da criança. Ela é, para ele, a recordação e o sonho da primeira fase do amor, de Vênus Afrodite.

Chegou, por fim, para sua desgraça e desventura, aquela febre de volúpia que a nova mulher lhe introduz no sangue, no cérebro e na alma, e então traz também consigo as fotografias obscenas que a Hamilton lhe pede e reclama — a fria e gélida mulher do Norte — para ter um incitamento ao amplexo com o macho.

Mas Cienfuegos não é um imoral, nem um corrupto. Mesmo com Bianca Hamilton, ele, inexperiente e ingênuo, começa a viver o amor sentimental.

Está nos autos uma carta sua, que já aqui foi lida em que ele diz a Hamilton: "Meu doce amor! Estou novamente sozinho... Não posso ler, nem escrever; só penso em ti. Sinto-me triste! O sol brilha, claro e jucundo, através da minha pequena janela! Mas a mim até me faz mal, porque comparo a alegria das coisas com os meus pensamentos. Ao menos, os meus canários alegram-se com tanta luz e amam-se...".

Essa carta, como tantas outras, é, toda ela, um hino de amor sentimental pela Hamilton, e foi escrita nos primeiros tempos das suas relações.

O fogo do ciúme

Mas Cienfuegos — como todos os meridionais ardentes — é, também, um homem extremamente ciumento.

Quem o disse? Talvez só o advogado de defesa, gratuitamente, para impressionar os jurados? Não, não, di-lo o processo. Há uma testemunha, ouvida pelo Juiz de Instrução, que não compareceu aqui por ter outras obrigações inadiáveis, a testemunha N., que, descrevendo as suas relações com a Hamilton, das quais terei ocasão de falar em breve, respondeu ao Juiz: "Recordo-me que a Condessa Hamilton pouco falava nesse americano: dizia-me, somente, que se chamava Carlos, sem me indicar o apelido, o homem com quem tivera relações tempos atrás".

Naturalmente! Tempos atrás. É a tática de todas as mulheres e não só da Hamilton. Todas as mulheres que têm diversas aventuras, dizem sempre: — Sim, não quero ocultar-te que conheci um outro homem: mas agora és tu; e de ora avante serás só tu, para todo o sempre, o senhor do meu coração!

É essa a história simples que encontramos em todos os dramas, e em que acreditam, naturalmente, todos os homens, porque toda a gente acredita naquilo que deseja e porque a mulher sabe bem que o macho mais forte se domestica e domina, lisonjeando-lhe o amor próprio de irresistível conquistador... mais irresistível que todos os outros!

E é por isso que não vinga o argumento da acusação, na sua querela escrita, quando afirma que Cienfuegos sabia das relações da amante com outros homens e que não era ciumento. Mas conhecia as relações passadas e não as presentes! E as relações passadas tinham desaparecido, dissera-lho a Hamilton, do horizonte dela, logo que ele apareceu, resplandecente e enamorado!

Depõe a testemunha N.: "Eu notava, realmente, que ela me falava nele com uma sensação de medo pelo seu caráter extremamente ciumento".

E, de fato, ele cometeu um homicídio com suicídio, e o homicídio e o suicídio não são, na verdade, sintomas de psicologia franciscana e de resignação, mas, bem ao contrário, o sintoma e a expressão de um temperamento violento, excitado por um extraordinário ciúme. É, portanto, uma testemunha indicada pelo Ministério Público, quem nos diz: "Bianca Hamilton falava-me de Cienfuegos como de um homem extremamente ciumento".

O americano na Europa

Vejam agora bem, senhores jurados, o destino desse rapaz: sai do seu país isolado do mundo e vem para a velha Europa, histórica, monumental e artística, que é o grande sonho dos americanos. Porque a Europa tem, realmente, esse poder de fascinação, e na Europa, sobretudo, a Itália.

Vê-se, na verdade, através das cartas dos diversos e inumeráveis amantes da Hamilton, que todos falam com admiração da nossa Pátria. "Gostaria de ir contigo ver a formosa Itália." Porque, para os americanos, as nossas belezas históricas, com 2 ou 3000 anos de idade, têm uma fascinação que não podemos imaginar.

Vou contar-vos, a este respeito, uma anedota vivida por mim, pois é conveniente afastarmo-nos, de vez em quando, dessa onda de sangue e de dor. Quando eu cheguei, pela primeira vez, a Buenos Aires, pôs-se, gentilmente, à minha disposição, um jovem estudante, para me mostrar as belezas da cidade. Um dia, disse-me ele: "Vou-lhe agora mostrar a nossa grande antigüidade, que tem um valor incalculável". E levou-me a uma rua afastada, onde havia uma casa com grades de ferro até no primeiro andar, coisa que atualmente se não usa. — Então é essa a vossa maior antigüidade? — perguntei. — Sim, foi nessa casa que viveu a vice-rainha de Espanha, antes da nossa Independência Nacional. É uma casa que tem... 110 anos de idade! — Ele julgava que eu ficaria pasmado de inveja arqueológica, porque não se lembrava que sou europeu e italiano. Respondi-lhe, sorrindo: — Isso para si é uma grande antigüidade? Para mim, é coisa vulgar. Quando for a Roma, hei de mostrar-lhe casas com... 2000 anos. — Oh! — exclamou. — Dois mil anos?! — Porque, na psicologia do americano, essa forma de eternidade humana é o que mais o atrai e maravilha. Mas continuemos:

Cienfuegos chega à Europa e vai para a Alemanha, país que tem sabido atrair os estudiosos de todas as partes do mundo, e lá procura formar-se, a fim de levar para a América o diploma de engenheiro, obtido em Berlim! Estou certo, senhores jurados, que todos sentiram uma impressão igual à minha quando, há dias, Cienfuegos começou a depor diante de nós.

Principiou sem nenhuma afetação sem retórica, porque é um simples, um ingênuo, um sincero. Começou por dizer-vos: "Eu estava em Berlim e levava uma vida modesta". Qualquer outro protagonista de semelhante drama homicida e suicida, teria assumido um tom de declamação. Este não procedeu assim. Uma simplicidade modesta e sincera, que é a imagem do homem. Leiam o seu interrogatório escrito, recordem o oral, e verão que ele nunca mentiu, nem foi desmentido, e isso demonstra que é um passional, porque os delinqüentes passionais dizem sempre a verdade.

Ah! Compreendo que a objeção mímica do Ministério Público

se refere à criada Tantanella. Mas falarei na criada, se me deixarem continuar o meu discurso...

M. P. — Como dizia que ninguém o desmentiu.

Ferri. — Com maior razão ainda o posso dizer, quando é uma criada que pretende desmenti-lo, e demonstrarei que quem mente é a criada e não Cienfuegos.

Mas há afirmações do acusado que poderiam ser desmentidas pelos documentos apreendidos e que ele não conhecia: e nenhuma foi desmentida. Ele declarou que tivera um filho de uma outra mulher; declarou que dera dinheiro a Hamilton, e se eu não apresentasse as 19 cartas que a Hamilton lhe escreveu, teria faltado a prova de que ele, efetivamente, lhe tinha dado dinheiro. E todas as provas demonstram que Cienfuegos sempre disse a verdade. Ora, é esta a diferença principal entre o delinqüente passional e o delinqüente cínico e habitual: o delinqüente passional defende-se dizendo a verdade, confessa o crime e até as circunstâncias que lhe não são favoráveis, ao passo que o outro tipo de delinqüente nega, deforma, falsifica.

Portanto, esse homem saiu da sua civilização quase insular, com o seu temperamento de raça crioula, ingênuo, ardente e primitivo, e foi lançado no cadinho incandescente de uma grande Babel moderna, como Berlim, Paris ou Londres: fornalhas terríveis, para onde tantas famílias inexperientes mandam os seu filhos, para aí se consumirem e se debilitarem nos abusos da vida, no abandono dos estudos e do trabalho, na perdição da sensualidade. Porque, para resistir às tentações de uma grande cidade, para um homem poder passar por elas como a salamandra através do fogo, é preciso uma têmpera especial e circunstâncias favoráveis.

A protagonista

Cienfuegos, em vez de encontrar a salamandra, encontrou Bianca Hamilton. O encontro dessas duas criaturas, decidiu o destino de ambas.

A Hamilton, rebento degenerado de uma linhagem aristocrática por parte do pai, foi o fruto de um matrimônio desigual. O conde Hamilton casou com uma ex-bailarina, de quem, pouco depois, se divorciou e que é a mãe-madrasta que, durante 20 anos, não teve quaisquer relações com a filha, e que, em uma carta para esta, assina "tua mãe, para não dizer outra coisa!".

Bianca Hamilton cresceu, até nisso desgraçada, em um ambiente de família em que o pai e a mãe se divorciaram. E o pai não a quer mais ver, nem deu sinal de vida em seguida à tragédia de 6 de março, tendo abandonado a filha ao seu destino. Daqui a pouco lerei uma carta dele que contém a sua opinião acerca da filha, e não, decerto, por nós lha termos pedido.

Ainda nova, Bianca casou com um oficial da Guarda. Mas a vida de família não lhe interessa: diz que quer conhecer o mundo e, por fim, divorcia-se do marido.

O caso faz lembrar uma fita cinematográfica de divorciados; aquelas cartas escritas do ambiente sueco para a Hamilton e por ela, parecem um argumento cinematográfico. E a estatística dos casamentos, divórcios e nascimentos ilegítimos, que ontem o Ministério Público reproduziu de um livro sobre a Escandinávia, é, realmente, um documento que, apesar da aparência paradoxal, tem, direi quase, o aspecto de uma estatística de escárnio.

Que espécie de mulher é essa Hamilton?

É aquela a que os romancistas e comediógrafos chamam a mulher fatal, isto é, a mulher que incendeia quem dela se aproxima. E como incendeia?

Talvez como Beatriz a Dante, pela beleza seráfica do rosto, pela virgindade, pela limpidez moral da sua alma honesta? Não, incendeia por meio daquilo a que Emílio Zola chamava o *odore di femmina*, o frêmito sensual, que faz com que, logo que essa senhora chega a Roma, apareça com ela um certo Armando alambicado, a quem sucedeu um oficial ex-atleta e outros e outros mais... Tudo isso por quê? Essa longa fila de amantes com cio — como os ceifeiros da *Figlia di Jório* —, faz-me lembrar quando, na primavera, se vê, em certas ruas, uma cadela perseguida por uma quantidade de machos ansiosos que a querem possuir...

Espetáculo animalesco que, quando se dá entre seres humanos, se torna pouco digno e menos respeitável!

"Quem diz mulher diz demônio": e apesar disso ser apenas um provérbio, exprime a inteira verdade, porque a mulher torna-se um demônio maléfico quando quer prender a si o homem, com o filtro venenoso do instinto sexual. Quando, pelo contrário, a mulher cumpre a sua função de mãe e de companheira da existência do homem, é o anjo da vida. Mas, como dizia o poeta, a mulher tem duas caras: uma de anjo e outra de demônio.

Quem tem a sorte de encontrar a mulher-anjo, pode gozar, na

vida, a felicidade paradisíaca, até desaparecer no túmulo; quem tem a desgraça de encontrar a mulher-demônio, pode, muitas vezes, vir parar ao Tribunal Criminal.

E foi por isso que o Cristianismo afirmou a necessidade da regeneração moral, quando o Império Romano caía em ruínas, em conseqüência daquela corrupção dos costumes que o artista italiano esculpiu no grupo das Saturnais. O Cristianismo primitivo fundou, sobre tudo isso, a regeneração moral da humanidade, santificando a virgindade da mulher contra a libertinagem, contra os maus costumes e contra a torpeza, que causaram a ruína desse extraordinário monumento de força e, durante um certo tempo, de sabedoria social, que foi o Império Romano.

O livro de apontamentos de Bianca Hamilton, que está junto ao processo e de que ontem foram lidas algumas páginas, que não repetirei — porque não é agradável fazê-lo —, é a imagem dessa mulher: é a sua fotografia moral, a revelação psicológica de uma alma.

São, em primeiro lugar, as receitas de *toilette*, e isso é o eterno feminino... e interessa, também, ao homem. Mas, de certo modo, a *toilette* tem, para a mulher, uma maior importância que para o homem, pois as graças do corpo são, para a Vênus Afrodite ou para Juno Lucina, a misteriosa atração para a continuação da espécie, como são para a Vênus Lasciva o instrumento de domínio corruptor.

A testemunha Person Hening disse que a Hamilton era uma mulher pouco inteligente; mas eu penso o contrário. De fato, naquele livro de apontamentos, encontram-se os títulos dos livros e dos romances de real valor artístico que ela lia. E completa a sua figura sob o outro ângulo — o aspecto demoníaco — a série de anedotas pornográficas e obscenas, que não têm, ao menos, a frescura fervilhante daquelas que o gênio latino, por exemplo, do Aretino, consagrou às coisas eróticas. As anedotas pornográficas reunidas por Bianca Hamilton, produziram em mim o efeito de um vômito psicológico. Era assim Bianca Hamilton, e é esse o clarão que ela projeta sobre este processo. Uma *mulher-vampiro*. E Cienfuegos teve um dia, em Berlim, a desgraça de cair no sorvedoiro dessa mulher. Já observaram isso, decerto, muitas vezes, nas praças, quando o vento é forte: forma-se um redemoinho, onde são apanhados as palhas e os papéis; se o vento aumenta, até os objetos pesados são arrastados, e se surge o furacão, as próprias árvores são arrancadas.

A mulher é como o redemoinho do vento nas praças. O que

primeiro se move são as palhas, os Armandos mais ou menos alambicados. Mas movem-se espaçadamente, uns mais, outros menos. Cienfuegos não resistiu ao turbilhão: é um ingênuo, que pensa em casar e quer levar aquela mulher, através das Índias, para o Chile. Mas pouco depois, é arrastado pelo turbilhão, invadido pela febre.

Qual é a conclusão prática que, deste processo, resulta, para o julgar? A conclusão é que, na luta de amor com uma mulher como a Hamilton, não é o homem o sedutor, mas sim o seduzido.

Porque, quando se fala em dramas de amor, é preciso distinguir bem os dramas determinados pelo homem sedutor e os determinados pelo homem seduzido.

Naturalmente, as mulheres têm interesse em dizer que os homens são sempre os sedutores, que elas — vítimas inocentes — cederam sempre à violência. Quem tenha um pouco de experiência da vida, sabe, porém, que muitos homens, mesmo pavoneando-se no convencimento de serem D. Juans irresistíveis, não passam de pobres canários, mais ou menos emplumados, que caem no visco de uma coruja.

Cienfuegos e Bianca Hamilton encontraram-se em um baile público, em Berlim, naquela imensa oficina do trabalho técnico, naquela enorme caserna do militarismo, naquela luxuriosa Babel da orgia. Porque, quando a riqueza subjuga uma nação, com essa mesma riqueza vem a força e a expansão, mas vem, também, a prepotência da corrupção e do vício.

Em um baile público em que ele estava sozinho, juntou-se com um amigo que levava uma companheira... Era essa formosa senhora, porque ela era, realmente, bela... Por dever de ofício, tive de ir ver o cadáver na mesa anatômica, juntamente com o professor Ottolenghi, e tive de lamentar que uma tão formosa criatura tivesse dentro de si tanto veneno e uma tal irradiação de aberração humana. Era bela, elegante, senhoril, inteligente e sedutora.

O rapaz dos olhos de fogo vivera, até então, modestamente. As matemáticas são um estudo que tem bastante desprezo pelo espírito de conquista porque as fórmulas da trigonometria e do cálculo algébrico são pouco para sublimar-se na contemplação da Vênus Afrodite ou Pandemia. Quem estuda leis e as chamadas filosofia e letras, ainda pode pensar, juntamente com as mulheres, na beleza e nos sorrisos da vida; mas o estudo das ciências naturais e da engenharia exige uma grande aplicação e, por isso, Cienfuegos faz vida modesta e só tem a desgraça de, naquela noite, em um baile público, encontrar essa linda mulher, que talvez se tenha aproximado dele atraída pela sua fisionomia de meridional ardente. Ao vê-la, Cienfuegos convida-a para dançar. E dançaram, e depois disso, com facilidade, como disse ontem o Ministério Público, as relações chegaram até à intimidade.

Colear de serpente

E foi então, naturalmente, que a Hamilton disse a Cienfuegos o que todas as mulheres do seu gênero dizem ao seu apaixonado do momento. Porque o amor, para certas mulheres, é como o calendário de folhas soltas inventado pelos americanos, uma folha para cada dia, quando não são duas ou mais. E a Hamilton disse: "Sou divorciada e sou condessa..."; porque, para muitos americanos, o título aristocrático é uma grande atração, é quase uma fascinação, e isso não só para a América do Sul, mas também para a do Norte. O fenômeno das milionárias americanas que vêm à Europa casar com um homem que tenha coroa, não digo já de infidelidade conjugal, mas de barão, de marquês ou de príncipe, é um fenômeno social com o qual se têm preocupado os próprios americanos, por causa da drenagem de milhões que esses casamentos realizam em proveito do lado de cá do Atlântico. E como na América não há títulos aristocráticos, quando a Hamilton lhe disse: "sou condessa", Cienfuegos ficou fascinado, tanto que lhe disse que não acreditava. Quando, mais tarde, a Hamilton o convidou a passar três dias no seu castelo da Suécia, depois de ter vivido com ela "horas celestiais, que no inferno ecoam", ficou a saber que ela era uma verdadeira aristocrata.

Ela diz-lhe que é divorciada. A vida da Hamilton não é a de uma ingênua; é uma divorciada, uma mulher com experiência da vida. Depois diz: "Não te oculto que tive uma ligação com um oficial dinamarquês". Estamos sempre na Escandinávia, da Suécia à Dinamarca não é grande a distância. E Cienfuegos — todos os homens se julgam campeões irresistíveis de amabilidade — pensa: Quando ainda não me conhecia, convenceu-se de que podia apaixonar-se por um oficial dinamarquês, mas o essencial é que, quando me conheceu, apaixonou-se por mim e daqui para diante só a mim quererá na vida. — É essa a eterna ilusão dos namorados.

Depois, vem a história do italiano. Diz a Hamilton: "Conheci, também, um italiano, em Estocolmo". Fora, uma ocasião, aos jogos olímpicos, que nós ressuscitamos, a essa festa da nudez, mas não da nudez feminina, porque não creio que, no estado da civilização contemporânea, seja possível ver as mulheres nuas em pêlo, mas nudez dos homens, que aparecem quase nus.

Então, a condessa Hamilton observa um atleta que brilha pela bravura e sente o desejo nostálgico daquela poderosa musculatura. Era N., e ela diz a Cienfuegos: — "Conheci N., mas... tive com ele relações de pura amizade, sem nenhum caráter de intimidade".

É isso que a mulher diz ao homem, e diz-lho antes que Cienfuegos chegue a ter, como sucedeu com a carta que surpreendeu em 6 de março, na Pensão Dienesen, a sensação ou a suspeita de que ela lhe não é fiel. Talvez lhe tivesse começado a abrir os olhos o fato de, pouco tempo antes, querer vir para a Itália, contrariamente ao prudente conselho do pai e contra o desejo espasmódico de Cienfuegos. Isso o leva a pensar: mas por que quer ela ir? O atleta de Estocolmo era italiano!

E vivem assim, em Berlim, de amor e de esquecimento. Vivem, depois, matrimonialmente, em Inglaterra, na estação balnear, e há, em uma carta da Hamilton, a recordação da aliança conjugal que Cienfuegos lhe ofereceu no dia dos seus anos, porque Cienfuegos, ingênuo e sentimental, estava, realmente, na disposição de casar com a Hamilton, em cuja fidelidade acreditava, sendo natural (por uma astúcia cruel da natureza, que quer o amor para conservar a espécie), sendo natural, repito, que o homem apaixonado acredite que a sua amada é superior a todas as outras, sendo o tipo perfeito da virtude, da fidelidade e da bondade.

Trata-se de um fenômeno inevitável: e nem a cautelosa instituição do noivado, chega para evitar os inconvenientes dessa natural cegueira do amor, porque devo observar que os meses de noivado, destinados a fazerem conhecer-se melhor o homem e a mulher, para nada servem, porque um e outro mantêm sempre alerta o seu *self-control*, e não se mostram tais como efetivamente são. O noivo tem sempre gravatas irresistíveis, e a noiva tem sempre um sorriso nos lábios, mas vinte e quatro horas depois de ter estado em frente do oficial do registro civil e do sacerdote, só deixará ver o sorriso uma vez por mês ou uma vez por ano e o homem-marido abandonará a elegância anterior e voltará ao sonolento e flácido barrete de algodão, para evitar os resfriamentos noturnos.

Cartas de amor

Essa descrição da vida dos dois protagonistas do drama que tendes de julgar, não é uma fantasia; resulta do processo e, sobretudo, das cartas de Cienfuegos a Hamilton, que foram apreendidas pelo oficial da polícia judiciária na Pensão Dienesen, e das cartas de Bianca para Cienfuegos, que hoje apresentei, enviadas para Roma pela Legação do Chile em Berlim.

Ainda que com isso lhes roube algum tempo, desejo recordar aos senhores jurados algumas passagens dessas cartas, porque, para poderem julgar este moço, precisam de encontrar no processo os elementos mais característicos e numerosos, que possam dar uma idéia exata da sua personalidade moral e convencer-vos se é um desgraçado caído no vórtice de uma mulher fatal, ou um simulador, um delinqüente perverso.

Eu disse já, ao apresentar as dezenove cartas da Hamilton para Cienfuegos, que elas se dividiam em duas categorias: as que falam de amor e são as primeiras; as que falam de dinheiro e são as últimas. Lerei alguns trechos dessas cartas porque através desse estreito respiradouro cai uma certa luz sobre o abismo daquelas duas almas.

Na carta nº 2 escreve a Hamilton, de sua casa, na Suécia, estando o pai ausente: "Desejo de todo o coração que aqui venhas: tu prometeste-mo! Dois dias não é muito, mas sempre são, ao menos, dois dias e *duas noites*, em que eu te pertencerei inteiramente, para ser toda tua e só para ti. Carlos vem para junto de mim, desejo-o ardentemente".

Isso é o amor vulgar e o homem lembra um fragmento de ferro atraído pelo ímã. As energias inextinguíveis da vida querem que a espécie se continue indefinidamente; era a esse instinto de procriação da espécie, que se chama amor, que dantes se chamava força irresistível, e a mulher bem o sabe, porque é experiente no amor, porque é uma divorciada, e utiliza-lhe a fascinação: Dalila e Sansão.

A carta seguinte, a nº 3, diz: "Se eu, ao menos, pudesse dizer-te quanto te amo; se esta carta, esta folha de papel, pudesse revelar-te quanto e quanto te amo! Mas tu, certamente, não o acreditas. Adoro-te, Carlos! Não faço senão pensar em ti e se soubesse que não tornaria a ver-te... não teria a coragem de viver também mais".

Estamos ainda, como vêem, em pleno domínio da Vênus sentimental: são duas almas que se procuram, que se chamam, que não podem viver separadas.

É sabido que Platão, o grande filósofo grego, encontrou uma formosa teoria para explicar, até certo ponto, a força irresistível do amor: "a teoria dos meios bolos"[1]. Platão disse que o homem e a mulher se aproximavam porque eram como um bolo redondo que girava pelo éter cortado em dois, com as duas metades lançadas no redemoinho do universo. E disse: — As duas metades semicirculares têm o instinto de se aproximar, de se encontrar e unir-se, e enquanto não estiverem reunidas serão infelizes, e quando, realmente, voltar a formar-se o bolo redondo, com as duas metades, o matrimônio é perfeito e o amor é fecundo. É uma questão, portanto, de metade de um bolo. E esse meio bolo que se chamava Hamilton, diz: "A metade que me falta, Carlos adorado, és tu; sem ti não posso viver".

Mais tarde, a sua alma revela-se.

Vejamos a carta nº 4, que contém o código, digamos assim, moral dessa mulher... operada dos ovários e... divorciada.

"Embriagar-me por forma a poder viver *sem interrogar a moral nem a lei*, afogar todos os melhores pensamentos e sentimentos, para viver somente em uma espécie de entorpecimento. Eram esses, até há pouco, os meus princípios; e só por isso quis viver tanto e aprender as coisas da vida o mais depressa que fosse possível." Isso é, como verdadeira *mulher do século*, essa dama tinha como norma de vida, sobretudo, o prazer: o dever era para ela letra morta. Eu penso que a vida não pode ser constituída só pelo dever, devendo, também, dar lugar ao prazer, mas este só deve vir depois do dever cumprido e sempre dentro dos limites do lícito e do honesto.

"E assim, rapidamente, gozar e gozar, tanto quanto possível, todos os prazeres que me aparecessem, sem pensar, nem perguntar se isso era justo ou injusto..."

E prossegue, na mesma carta:

"Mas já estava próxima a hora em que eu não poderia gozar mais nada...

"Assim pensava eu quando tu entraste na minha vida. E, como vês, amo-te na mais completa acepção dessa palavra. *Sinto tudo aquilo que nunca tinha sentido, aquilo que nem sabia que pudesse sentir-se*."

Como vê, ela é, aqui, a hábil negociante de amor, que lisonjeia

[1] São os bolos chamados tortas ou roscas, na tradução literal.

o orgulho masculino do amante ingênuo, e depois mais o enreda, o fascina e... o enerva.

"Oh, Carlos! Isso só pode ser o amor. O que é o amor senão o sentimento que nos faz oferecer inteiramente a uma outra pessoa?

"Todas as partes do meu corpo te pertencem..." E é assim, gravemente, que Vênus Afrodite, como o papiro embruxado de Dante, que "ainda não é preto, mas em que o branco morre", se obscurece, se deforma e se transforma na Vênus Lasciva.

E continua assim ainda durante muito tempo: mas é inútil que eu volte a ler, porque já todos conhecem essa mulher.

E a experiência demonstra que, na união matrimonial, se o bom marido faz a boa mulher, é certo que, nas suas relações amorosas, a mulher faz o homem tal como ela é. Se a mulher é nobre e honesta, manterá o homem na retidão e na honestidade, dando-lhe, com o amor, a chama viva de todo o entusiasmo e de todo o ideal, a começar no respeito pela própria dignidade e pelo pudor. Se a mulher não tem essas virtudes, vemos o homem ser arrastado pela paralisia da vontade e do senso moral, mais ou menos rapidamente, para o fundo do abismo.

Generosidades de apaixonado

Quanto à maneira de proceder de Carlos Cienfuegos para com Bianca Hamilton, é esta quem, na carta nº 14, reconhece o que Cienfuegos foi e é para ela: um gentil homem, um namorado sincero: "Mais uma vez quero agradecer-te, de todo o coração, tudo aquilo que tu, o melhor homem do mundo, fizeste por mim".

E essa nota repete-se, insistentemente, em todas as cartas posteriores: nelas é proclamada, quase do outro mundo, a verdade, por mim afirmada, de que Carlos Cienfuegos foi um namorado ingênuo e depois sensual, mas não um homem imoral e, menos ainda, um criminoso.

Tudo isso, senhores jurados, consta de documentos insuspeitos, que nos dizem que Cienfuegos não é um explorador de mulheres, como aconteceu, recentemente, em um outro clamoroso crime de homicídio com suicídio frustrado. Ele recebeu da mulher todas as volúpias, mas estava perdidamente enamorado dela. E constitui para ele a defesa mais sólida, mais cristalina, recordar as palavras do Nazareno: "Muito te será perdoado, porque muito amaste".

Cienfuegos não pede dinheiro à amante; dá à sua amada o que tem, porque o homem enamorado, dá tanto quanto pode, de si e das suas coisas.

O amor, disse um grande cético, não passa do contato de duas epidermes, é um egoísmo a dois. Seja, porém, como for, o certo é que os namorados tendem a confundir-se, na vida e até na morte, porque, como diz Giacomo Liopardi: *amore e morte, fratelli insieme, ingenerò la sorte!*

Pois bem: em dado momento, Hamilton pede dinheiro a Cienfuegos. Devem ter ouvido o Presidente ler essa carta. Começa com hesitação, sem saber que impressão causará esse pedido sobre o amante. Portanto, é a mulher que pede e, por eufemismo, fala em empréstimo, quando é certo que recebia 3 ou 4 mil coroas por ano da mão do pai, quantia manifestamente insuficiente para a vida que levava. E em breve veremos que o dinheiro necessário o pedia ela — em troca da volúpia que lhes dava — aos outros amantes.

O mesmo faz a Cienfuegos: e, na carta nº 7, escreve-lhe: "Poderás emprestar-me 500 coroas? Não podes imaginar quanto me custa fazer-te esse pedido. Mas o que hei de fazer? Estou de cama e sem forças, e tenho de arranjar o dinheiro para pagar tudo. O meu pai escreve-me que devo regular os meus gastos pelos meus rendimentos. Mas tudo aqui é horrivelmente caro e o dinheiro acabou-se-me".

O que faz Cienfuegos? Não sabemos qual teria sido a tempestade de impressões nele produzida por semelhante pedido: o certo é que, com aquela generosidade cavalheiresca que corre no seu sangue espanhol, manda as 500 coroas à amante. A carta do pedido é de 17 de fevereiro e, em 20 desse mês, a Hamilton responde: "Adorado Carlos! Recebi a tua segunda carta e as 500 coroas. Não posso dizer-te como te acho bom e te quero, por me teres emprestado o dinheiro tão solicitamente".

"*Nunca mais encontrarei na vida uma criatura tão boa e tão nobre como tu.* E a tua carta está, também, tão amorosamente escrita, que até chorei quando a li..."

Portanto, Cienfuegos, enamorado e gentil homem, manda "solicitamente" o dinheiro e, em vez de lhe fazer sentir a amargura dos pensamentos que uma tal surpresa lhe causara, escreve tão "amorosamente", enviando o dinheiro, que a mulher, nem sempre imóvel na sua figura de Vênus Pandemia, se comove e chora.

E creio que, quando escrevia isso, a Hamilton dizia a verdade:

porque não afirmo que essa mulher fosse só feita de lama. Creio que, apesar de tudo o que conheço da sua pessoa ser vil, isso resultava, talvez, das condições da sua falhada maternidade e da sua saúde mutilada pelos ferros cirúrgicos; mas até nos piores delinqüentes há, por vezes, um relâmpago de humanidade e de afeto... ainda que não seja senão pela mãe.

Pois bem, a Hamilton recebe do seu apaixonado um presente de 500 coroas; ele escreve-lhe: "Receio que tenhas levado isso a mal", e ela diz-lhe: "Não, chorei ao ler a tua carta".

Vejam, senhores jurados, como a personalidade de Cienfuegos se vai delineando e precisando no vosso espírito. É um bom rapaz, que teve a infelicidade de cair no abismo do amor por uma mulher de costumes tão desregrados. Ele foi enlouquecido, é um desventurado, mas não é um criminoso. Não é um assassino que amanhã repita o mesmo ato. É um homem que, como um náufrago caído à beira do oceano que estava para o engolir, ao voltar outra vez à vida, recordará, como uma lição salutar, essa Ilíada de desastres, de tormentos e de ansiedades e pedirá ao trabalho a sua redenção social.

Durante esses meses em que tenho convivido com ele, na cadeia de *Regina Coeli*, porque o trabalho do advogado do crime é, também, um pouco o de cura de almas, senti o seu coração palpitar ao recordar-se desse seu amor, mas já com a tranqüilidade do ocaso. Senti-o, por vezes, animar-se com o pensamento de uma vida de redenção pelo estudo e pelo trabalho, senti-o comover-se ao lembrar-se da mãe distante e lacrimosa!

Trata-se, sem sombra de dúvida, de um bom rapaz, um simples, um ingênuo, um americano ardente, trazido para a grande Babel da civilização européia, lançado a todo o vapor através dessa fornalha, que funde o aço e os corações!

E eis uma última carta da Hamilton, escrita de Roma, quando aqui estava contra a vontade dele: "Meu adorado! Fui ao correio e encontrei todas as tuas cartas... Sinto uma espécie de tristeza inacreditável". (E, contudo, tinha, naqueles dias, os carinhos do perfumado Armando e as distrações eróticas do salão árabe!) "Estou tão terrivelmente só." (O que não era verdade!) "Tive uma grande discussão com a minha mãe" (aquela dos "tépidos e enervantes eflúvios de amor!"): "não podemos estar nunca de acordo".

"Acrescenta a tudo isso que estou quase sem dinheiro. Escrevi a meu pai, para mo mandar, mas ainda não recebi nada."

"Se o dinheiro não vem, estou perdida, porque o que tenho só chega para uma semana. Peço-te, mais uma vez, se te for possível, que me mandes algum. Oh, peço-te! O meu débito para contigo está a tornar-se verdadeiramente enorme, mas um dia te restituirei tudo".

Pois bem: isso ainda nada seria, porque é a namorada que pede ao seu namorado, que, além disso, pensa no matrimônio, como resulta do próprio processo. O mal está em a Hamilton pedir, nessa época, dinheiro a outros amantes, além de Cienfuegos. E assim se explica como Cienfuegos, surgindo, em 6 de março no quarto da Pensão Dienesen, e encontrando a prova de que não é o único homem na vida da Hamilton, mas que ela tem outros amantes, vendo ruir todo o edifício de esperança e de desejos de futura família, é arrastado para o abismo.

A mulher é como a sombra

No volume 4º dos documentos, está uma carta de um tal Hobart, que escreve de Rinkam, na Suécia, em 16 de fevereiro: "Minha querida Bianca. Talvez não te agrade que eu te escreva, pois é possível que estejas zangada comigo, por não ter podido arranjar o que me pediste telegraficamente. Mas, acredita, a razão não é não te querer ajudar... Se o tivesse, com alegria te teria mandado o dinheiro; mas como nada tenho, nada posso dar".

Presidente. — E por isso, em 22 de fevereiro, a Hamilton escreve a Cienfuegos.

Ferri. — Se não me engano, Sr. Presidente, Cienfuegos é uma pessoa diferente de Hobart, que é um dos inúmeros amantes da Hamilton, a quem ela se dirige a pedir dinheiro. Sete dias mais tarde, dirige-se a Cienfuegos, na altura em que anda em Roma, cercada pelos Armandos mais ou menos almiscarados.

M.P. — Hobart não é um amante. Queixa-se de que a Hamilton o tratava com frieza.

Ferri. — Mas escreve-lhe: "Beijo-te na boca!". Ele não tem experiência do amor? Não sabe que a mulher atrai mais com a frieza do que com o calor? Aprendê-lo-á, então, neste processo. A mulher é como a sombra: foge de quem a segue, e segue quem lhe foge. Quando o homem vê que a mulher é fria, aquece mais e a mulher, que conhece esse termômetro do amor, aproveita-se disso.

Por conseguinte, quando Hobart diz: "Beijo-te na boca", o que quer isso dizer? Quer dizer, pelo menos, que a uma senhora não se escreve, por amabilidade, semelhante frase.

Hobart mandava, portanto, beijos na boca, mas não dinheiro. A Hamilton recebe, porém, o dinheiro pedido a Cienfuegos. Isso dá como resultado que, quando, depois, Cienfuegos, no quarto da Pensão Dienesen, lê a carta escrita pela amante a um outro americano e vê nela aquelas expressões de amor, que julgava serem privilégio do seu coração enamorado, sente a ruína da sua existência e chega àquilo a que veremos que chegou.

Porque não é possível fazer um juízo rápido e total de um acusado, sendo necessário procurar conhecer, a pouco e pouco, o estado da sua alma. Diz a sabedoria popular que os juízes se devem colocar no lugar dos que são julgados, e diz bem. Deveis julgar, não o Cienfuegos de agora, de espírito sereno, mas de harmonia com o seu estado de espírito no momento em que praticou o crime. É o que diz o art. 46º do Código: "... no momento em que praticou o fato...; porque é então que se deve julgar o homem, e não antes, nem depois. Mas é inegável que, para julgá-lo no momento do crime, são um seguro auxílio, sobretudo, o comportamento anterior do acusado, isto é, a sua personalidade social, tal como se manifestou antes da tragédia, e as circunstâncias que precederam imediatamente o fato".

Da personalidade de Carlos Cienfuegos já vimos o bastante.

Aproxima-se a tempestade

Vejamos, agora, as circunstâncias que precederam de perto o momento fulminante das violências sangrentas.

A Hamilton tinha insistido em deixar Berlim contra a vontade de Cienfuegos e disse que ia a Basiléia com a mãe. E Cienfuegos — Sansão de cabelos cortados — consentira em acompanhar as duas mulheres à estação. Mas ela dissera que tinha a intenção de ir para a Itália, e ele escreveu-lhe, então, aquela carta, que aqui foi repetidamente lida, e em que diz: "Vais para a Itália sem mim, quando poderíamos, como namorados, visitá-la juntos. Se o fizeres, não tornarás a ouvir falar no teu Carlos".

Todavia, ela parte para lá, sem lhe dar uma explicação. Do mesmo modo, também, ainda não foi possível saber as razões que trouxeram a Roma essa mulher. Isso é um ponto sombrio, que não se torna mais claro se nos lembrarmos do ambiente equívoco e dos homens dissemelhantes que ela freqüentou durante aqueles dias. Essa formosíssima mulher chega a Roma, sem uma razão conhecida, e vai viver para um ambiente estranho, a que poderemos chamar um ambiente sal e pimenta. Por que procede ela assim?

Não me compete julgar os mortos, mas bem sabem que, no processo, existe uma carta do pai da Hamilton, escrita à filha, e que é a mais terrível opinião que um pai pode exprimir acerca de uma filha.

Apelamos, portanto, para a autoridade do pai, que do seu castelo de Lykas, escreve à filha o seguinte:

"Pedes-me outra vez dinheiro. E dizes que é por honra do nome, etc., etc.

"Trata-se lá do nome! *Tu nunca evitaste arrastar o meu nome pela lama*, com a tua vida *singularmente libertina*. Mas isso não te preocupa o pensamento.

"Não desejo que vás para Roma, *para também lá te dares a conhecer*! No atual estado de coisas, não podes continuar a viver assim. *Ver-me-ei obrigado a dar os necessários passos para ser internada em uma instituição para mulheres como tu, que inspiram piedade!*"

Isso escreve o pai, e é este o documento apreendido no quarto da Hamilton pelos agentes da polícia judiciária.

Portanto, essa mulher vem para Roma, apesar dos conselhos do pai, apesar dos protestos doloridos de Cienfuegos, chega a Roma e a formosa borboleta, esvoaçando, vai do Hotel Bavária, para a pensão Pirri, e depois para a Pensão Dienesen.

Dei como testemunha o comissário Grazioli, porque deu provas de uma grande lucidez de observação na descrição do local e do drama sangrento.

E perguntei-lhe aqui o que podia dizer da Pensão Dienesen. Apesar de viver em Roma, não me ocupo dessas coisas, mas depois de ter sido encarregado da defesa de Cienfuegos, pedi informações e pensei: assim como eu tenho hoje uma opinião formada a tal respeito, também a deve ter ele, que é da polícia. Mas o Comissário Grazioli nada quis dizer: respondeu que é uma Pensão... cômoda.

O certo é que Bianca Hamilton aparece, inesperadamente, nessa Pensão e — perguntai ao taberneiro se tem bom vinho — o pessoal da casa afirmou ao juiz de instrução que ela teve lá uma vida correta. Podemos, talvez, acreditar, porque tudo depende de salvar as aparências; e, além disso, a Hamilton depressa teve à sua disposição o ninho emprestado pela testemunha marquesa viúva de C., e o salão árabe de um dos tais Armandos.

É verdade que a tal... marquesa, a uma pergunta quase mefistofélica do Presidente, respondeu que “diante dela” a Hamilton teve sempre uma conduta honesta. Mas, disse o Presidente: — Queria que a não tivesse na sua presença? Isso seria um pouco forte!

E rodeando essa borboleta chegada do norte, uma nuvem de levianos, de patetas e de falhados, aprende o caminho, bastante acessível, da Pensão Dienesen. Finalmente, através da carta de N., que está no processo, temos conhecimento de que ele veio de Livorno aqui, no dia 1º de março, que passou uma noite com ela, e que, como gentil-homem agradecido, pelo menos no amor, lhe mandou, na manhã seguinte, um bilhete postal ilustrado: “Para te agradecer a noite que me deste”.

Os primeiros relâmpagos

É esta a Pensão Dienesen, e são estes os seus hóspedes!

Cienfuegos ficou em Berlim. Tinha de defender a tese de licenciatura, mas os excessos sexuais haviam-lhe tirado a energia necessária para se ocupar dos seus estudos. Devia apresentar a tese em dezembro: teve de pedir um novo prazo; e devia fazer em ma desse ano o exame de formatura. Anda nervoso, porque suspeita que a amante não está em Basiléia, mas em outra parte. Lembra-se que ela falava em ir para a Itália, e um dia, depois de ter recebido uma carta da Hamilton, com o carimbo de Berlim, o que lhe abre os olhos, vai com o amigo C. à Pensão onde habitava a amante e lá lhe dizem que ela, no dia em que disse que ia para Basiléia, deu o seguinte endereço: “Posta Restante — Roma!”...

Começam a rasgar-se os véus.

Cienfuegos diz: — Mas como! Ela disse-me que ia com a mãe para Basiléia! — A mãe parece que tinha em Basiléia um centro de correspondência. É velha, é uma ex-bailarina que “na Itália — como escreveu em uma carta para a filha — sentia os eflúvios eróticos” da sua juventude. Esperamos que, depois, as névoas ou a neve de Basiléia, tenham dado um pouco de calma e de camomila aos seus nervos já maduros.

E Cienfuegos foi atormentado pelo seguinte pensamento: —

Portanto, Bianca mentiu; disse-me que ia para Basiléia, mas deu a direção para Roma! — E então, furioso, vulcânico, enamorado como estava, mete-se no comboio e corre de Berlim a Roma. Em Bolonha — por erro, devido à sua exaltação, que o afasta da vida — não muda de comboio e vai ter a Ancona. Acorda e diz que precisa ir para Roma, e então se apeia, muda de comboio e chega a Roma às duas horas da tarde. Só tem uma idéia fixa, uma obsessão: quer tornar a ver a amante, quer conhecer o seu destino.

Dirige-se ao comissariado de polícia. Não sei se o amor também será regido pelos regulamentos policiais...

Vai ao comissariado para saber onde está a amante, como se a função da polícia fosse conhecer o paradeiro de todas as Hamilton!

A polícia, porém, sabe-o — a meio — porque tem a lista dos hóspedes de todas as pensões e hotéis, e diz-lhe: "Hotel Bavária". E sabe-o só a meio, porque é uma polícia incompleta, como muitas instituições do Estado no nosso país, onde floresce a perfumada laranjeira...

Cienfuegos vai ao Hotel Bavária, e lá lhe dizem: "Saiu de cá, não sabemos para onde". Desesperado, recorda-se de que pode apresentar-se ao sueco Person Hening. Vai ter com este, que lhe diz: "Está na Pensão Dienesen". Consegue, dessa forma, conhecer o domicílio da sua dama, da mulher que o tortura. E chega à Pensão Dienesen.

Recorde-se das palavras ditas pelas duas testemunhas que descreveram o aspecto de Cienfuegos naquele momento. O gerente L. disse: "Esse rapaz pareceu-me muito agitado e pálido". O sr. Person Hening disse: "Achei-o muito transtornado".

Era um homem com o espírito em delírio estava naquelas condições em que todas as fibras da alma, até as mais profundas, do coração, de todo o corpo, não têm um só átomo que não vibre, estão sob a influência da febre, do delírio, da vertigem.

A Hamilton está na Pensão Dienesen? É afirmativa a resposta... Pede um quarto, e dão-lhe o único disponível, quase pegado ao dela, no mesmo piso. A senhora tinha o quarto 33; a ele deram o 39. Pede para lhe arranjarem um banho porque nos países do norte o banho é um hábito muito freqüente. Ele, que viajara 36 ou 40 horas seguidas, precisava de se lavar. Mas a criada diz-lhe que é preciso meia hora para preparar o banho, e ele, atormentado pela pressa, renuncia ao banho. Faz a *toilette* exterior, barbeia-se, desce e pergunta onde pode encontrá-la. Pergunta-o ao porteiro que — como aqui vimos — não tem uma estatura gigantesca, nem pelo corpo, nem pelas suas funções de cerbero da Pensão. Ele diz-lhe: "Provavelmente no Hotel Regina, ou no Hotel Excelsior, onde há chá da tarde". Vai, procura ansiosamente, pesquisa e não a encontra. Volta à Pensão, sem ter visto a sua amada. Compreende logo que ela está ali, sente a sua influência, sabe que respira o mesmo ar que ela, adivinha que a sua torturadora de amor está perto dele...

À beira do abismo

Para entrar no quarto da amante, pede à criada: "Abra-me a porta do quarto da senhora". A criada, aquela que não veio aqui depor — parece-me estar a vê-la —, deve ter posto dificuldades e, depois, com uma exclamação na voz: "Oh! Senhor! Desculpe-me, mas eu..."

E ao receber uma gorjeta mais ou menos abundante, a criada diz então: "Se o senhor assim o deseja!" e abre, em seguida, a porta.

Em todo o caso, na Pensão Dienesen, a chave dos quartos estava dependurada em um prego, porque o gerente, que tinha um chaveiro no escritório, tinha, também, pregos, junto dos quartos, para pendurar as chaves, e Cienfuegos poderia tê-la encontrado sozinho. Mas ele não mente, e disse no seu interrogatório: "A criada abriu-me a porta, reabriu-ma e voltou a fechar-me no quarto".

Naturalmente, a criada, quando o juiz de instrução a interrogou, negou o fato. É pena que não tenha sido possível encontrá-la para este julgamento; parece que estava em Messina, mas procurada lá, não foi encontrada, e seria interessante perguntar-lhe se era ou não verdadeiro o fato do *baschich*, dessa mágica instituição da gorjeta, do *pourboire*, que da Turquia irradiou para todo o mundo e, sob diversos nomes, mas com igual poder, é como o óleo para fazer girar as rodagens enferrujadas...

Cienfuegos, com a febre no coração, entra no quarto e nele encontra o perfume e o cheiro da mulher adorada, a cama, a mala, os vestidos, as cartas, as fotografias, e olha e busca em cima da mesa...

Senhores jurados: não é verdade que o quarto estivesse arrumado quando foi descoberto o cadáver. Está aqui um relatório da polícia de segurança, que diz que o quarto estava desarrumado, todo ele se encontrava em desordem.

M. P. — Os agentes só chegaram mais tarde. Esteve lá primeiro o Conde Noli da Costa e viu tudo em ordem.

Ferri. — O que esperaria ver o Conde Noli da Costa: uma erupção vulcânica? Os móveis voltados? Mas as cartas estiveram nas mãos de Cienfuegos.

M. P. — Ninguém o disse.

Ferri. — Estiveram, sim, porque encontrou a carta do americano que a polícia apreendeu.

M. P. — Estava sobre a mesa...

Ferri. — Estava em cima da mesa, é certo, mas com as outras cartas e bilhetes, objetos e fotografias. Para que serve, sr. *M. P.* vir aqui dizer que o sol nasce pela manhã e se põe ao fim da tarde? Quando digo coisas que correspondem aos fatos, não deve interromper-me, mesmo porque já são quase horas de jantar, o que aquietará, por certo, o seu apetite acusatório.

A carta da Hamilton para o americano — para o tal outro — diz: "...porque te amo, como a mais ninguém na terra. Amo-te no tempo e na eternidade".

E Cienfuegos lê a carta escrita pela mulher por causa de quem veio de Berlim a Roma para a levar consigo, disposto a fazê-la sua esposa, porque está apaixonado por ela, e, em troca, vê escrito naquela carta, dirigida a um outro homem: "és tudo para mim". E no seu interrogatório, feito quase à beira do túmulo, a ponto do Juiz ter de suspendê-lo, por ordem do médico, e adiar para outro dia a continuação, porque o suicida Cienfuegos estava quase na agonia, disse ainda: "As ardentes frases de amor que me escrevia a mim, eram as mesmas que escrevia a um outro!"

A psicologia humana não precisa de grande sabedoria para explicar a enorme impressão que produz uma descoberta deste gênero. É um mundo inteiro que cai, que desaparece no barato da desilusão, do ciúme, do amor ultrajado, do futuro perdido, da dignidade ofendida; é uma alma inteira entregue ao desespero, à vertigem do vácuo e da dor...

Em seguida, vê o distintivo de prata. Ele sabia das relações com o tenente N., o das Olimpíadas de Estocolmo; sempre tivera ciúmes dele — sabia que era um oficial de cavalaria, porque essa formosa mulher tinha uma predileção especial pelos oficiais, e talvez não só pela atração mitológica de Vênus por Marte —, e é nessas condições que o distintivo, com o número do esquadrão de cavalaria, cai nas mãos de Cienfuegos; pega-lhe com um espasmo no coração, como Otelo pega no lenço que Jago deixa cair traiçoeiramente, pega-lhe, olha-o e nele liba o veneno do ciúme, do amor traído e atormentado.

Depois, quando a Hamilton entrar, há de mostrar-lhe o distintivo do seu amante cavaleiro... Mas, entretanto, Cienfuegos, ao ver a ruína de tudo o que sonhara, concebe a idéia do suicídio; e então, chamando a criada, fez abrir a porta e dirigiu-se para o seu quarto, em busca da arma para se matar.

Do suicídio ao homicídio

Trazia na mala a pistola e o punhal; viram bem aquele pequeno punhal, que, posso testemunhá-lo, todos trazem na América do Sul, como nós trazemos a nossa caneta de tinta permanente. É um hábito que, também, aliás, existe na Europa, no Montenegro, por exemplo, onde há o costume de trazer as armas a tiracolo.

Mas repare, senhores jurados, que isso é um indício que deve ter para vós um valor moral imenso. Cienfuegos dirige-se ao seu quarto, pega na pistola e não mexe no punhal; a esse o deixa no quarto, onde foi encontrado pela polícia. Quando ontem o Ministério Público dizia que Cienfuegos preparara e trouxera de Berlim, para o crime, a pistola e o punhal, esqueceu-se de dizer que quando ele voltou para os aposentos da Hamilton só levava a pistola, tendo deixado o punhal na mala, aonde veio a ser encontrado: esse procedimento indica e sugere o estado de espírito do acusado nesse momento, que era o desespero, o aniquilamento, a tendência para o suicídio.

A prova disso? Mas, evidentemente, as cartas que escreveu à mãe, ao cunhado, ao seu amigo C., à Legação do Chile! Lemos nelas: — Tudo acabou para mim! A carta para o americano, o distintivo do amante oficial de cavalaria, tiram-me todas as ilusões acerca dessa mulher, que tinha escolhido para ser a companheira da minha vida. Aniquilo-me — destruo-me, deixo este mundo.

"Mas são cartas que falam de interesses", diz o Ministério Público, como o disse o despacho de pronúncia. Sim, mas isso é humano e é honesto: esse homem era um estrangeiro em Berlim e tinha comprado um automóvel que não acabara de pagar: comprara-o para a amante; podia gastar, porque, por morte do pai, ficara-lhe pertencendo uma quarta parte da herança, de que podia dispor livremente, pois era de maioridade. Podia gastar o que era seu, e quando a Hamilton desejou o automóvel, comprou-lho; não o acabara, porém, de pagar, e escreve ao amigo C.: "Peço-te para regularizares os meus negócios: o meu dinheiro está na Legação do Chile e no *Deutsche Bank*". É um rapaz honesto e correto: tem o sentimento da honra, além do amor.

Mas primeiro escreve à mãe e ao cunhado. Todos o viram e eu vi-o e senti-o; quando, há dias, na nossa presença, falou da mãe, esse homem revelou-se tal qual é e redimiu-se. Em um gesto de dignidade, de reserva, de dor muito íntima, voltou-se para o lado e... desatou a chorar. Lembrava-se da mãe. Porque a mãe nunca é esquecida. A mãe, mesmo depois de morta, como a minha, com o seu olhar doce e sereno, olha-nos e guia-nos do túmulo...

Na carta para a mãe, escreve: "Mamã! Perdoa-me o que vou fazer, mas sinto-me incapaz de continuar a viver. Não posso, não posso mais!".

O homem a quem o amor despedaçou os nervos da vontade, não se sente com coragem para vencer as dificuldades, nem para ser superior às desilusões, na luta pela existência, e prefere desertar da vida, mas, naquele momento supremo, pensa na mãe.

Escreve ao cunhado, e ainda então o seu primeiro pensamento é para a mãe: "Faz-me o favor de preparar a minha mãe para uma notícia inesperada".

Escreve à Legação do Chile em Roma. "Peço a essa Legação para não telegrafar à minha família, à minha mãe, mas antes à Legação do Chile em Berlim".

Preocupa-se com a mãe, e a recordação dela acompanha-o no suicídio. A mãe perdoa sempre ao filho, mesmo ao mais perverso, e se o filho adoece — do corpo ou da alma —, o doce, o suave gesto da mãe, acaricia-o e conforta-o.

A mãe de Cienfuegos está do outro lado do Oceano; ele prepara-se para descer ao túmulo, mas, antes disso, invoca-a e sente na fronte o sopro da imagem materna.

O momento fatal

Mas, depois de escrever as cartas, quando, empunhando a pistola Mauser, que fora buscar ao quarto, está para pôr fim aos seus dias... entra a Hamilton.

Era o destino, a manifestação daquela fatalidade que, diziam os Gregos, domina não só os homens, mas também os deuses.

Entra a Hamilton. Podemos imaginar a surpresa dela: "Que

vieste aqui fazer?" — "De que te admiras? — diz-lhe ele. — Não sou o teu Carlos! Volta, anda comigo para Berlim!".

E ela, a mulher fria, a salamandra, que incendeia o coração dos outros sem queimar o seu, responde: "Tenho aqui que fazer. Não posso".

— "Fica, então, comigo; veremos Roma juntos".

— "Não, tenho esta noite comprometida".

— "Mas sai antes comigo! Se não saíres, mato-me", diz Cienfuegos; "já estou resolvido a fazê-lo".

Foi esse o colóquio que tiveram, antes da criada vir perguntar se queriam o jantar para às 8:30. Trocaram essas palavras febris, concentradas, silenciosas. Não se ouviu qualquer altercação, como sucede com os homens de elevada cultura e de educação social, que não gritam. E a própria arte, nos dramas e nas tragédias, sabe que quanto mais a voz da paixão se torna espasmódica e torturante, mais o tom da voz se torna profundo, cavernoso e subterrâneo. O grito é a expressão da satisfação e da alegria; a discussão é própria das pessoas mal educadas, para as quais erguer a voz corresponde a um argumento, quando lhes falta a razão.

Mas, naquele quarto onde estavam os dois, ela aristocrata por nascimento, pela parte do pai pelo menos, conserva a sua altivez de mulher: e Cienfuegos, cavalheiro e enamorado, diz: "Vem comigo". E ela: "Não".

Aparece, então, a criada, que interrompe o colóquio. "Jantam hoje na Pensão?" Estavam de chapéu e ambos vestidos para sair. — "Não, hoje jantamos fora." E a criada saiu.

E então surge a tragédia, precipitada para a última fase, fulminante, mortífera.

Por que se admira a acusação de toda a cena se haver desenrolado em um quarto de hora? Mas o fato de se ter desenrolado em um quarto de hora, demonstra que foi fulminante, como o tiro de canhão surge logo que salta a faísca elétrica; a fabricação do canhão, do projétil e do explosivo, exigiu um largo trabalho anterior: para disparar o tiro, basta um momento. O mesmo se deu com essas duas criaturas.

Logo que a criada saiu, disse ele: "Se não queres vir comigo, dá-me, ao menos, uma última noite". — Isso é, igualmente, um fato comum no suicídio de dois amantes: os suicidas, antes de chegarem à beira do túmulo, pedem à taça do prazer o último adeus à vida, para eles envenenada. Ela recusa ainda, fria, contrariada. E ele insiste, febril, trepidante: "Se não consentires em ser minha, já, matome aqui, a teus pés".

E então, a aristocrática mulher, a fria salamandra, diz: "Escândalo, não... vou despir-me". Quanto tempo precisa uma mulher para se despir? Para se vestir, o cálculo é difícil para as mulheres, para se despir, não. Dizia um romancista, que tratava muito mal as mulheres, porque as olhava só sob um ângulo da sua personalidade: *"la femme est un être qui babille, s'habille et se déshabille"*, é um ser que tagarela, se veste e se despe...

E a condessa Hamilton pôs-se inteiramente nua, como era o costume de ambos. Quando viviam em Inglaterra, mais que conjugalmente, já assim faziam, porque estavam, então, naquela segunda fase da Vênus Lasciva, em que o amor não pede aos véus do pudor o perfume da atração e do desejo sempre vivo pela mulher, mas quer antes se embriagar na visão e no tato da nudez completa, que acabam por dar o sentimento da fadiga e terminam pela náusea. Após o amplexo de amor, ele, excitado, apaixonado, exausto, pede mais uma vez a essa mulher: "Voltemos a beber na taça do amor". E ela dizlhe: "Não, não tenho tempo". Tinha os minutos contados, a noite comprometida, não sei se para o salão árabe, de que fala na agenda.

Ao ouvi-la negar-se, para excitá-la, porque julga que ela se recusa por falta de desejo, vai buscar as fotografias obscenas em que ambos figuram, que trazia na carteira, e mostra-lhas. O filtro mágico não dá resultado. — "Vem comigo, voltemos para Berlim". — "Não; tenho que fazer, vê na agenda". — E então ele pega no livrinho, olha em 1º de março e vê escrito (como nós vimos): "N. esteve cá".

Logo que esse homem, que, pouco antes, lera a carta escrita ao americano e encontrara o emblema de prata, lê, agora, que o oficial N. esteve ali... esse homem sente a ruína, a destruição, a queda no precipício de toda a sua vida passada e futura; e, por um desses movimentos paradoxais da vontade humana, que a psicopatologia tem posto bem em destaque, a idéia suicida transforma-se, de súbito, na idéia homicida, sem afastar, no fundo, a primitiva idéia, da exaltada consciência. Com efeito, nesse tipo de passionais, a idéia do homicídio não é a primeira a apresentar-se durante a tempestade que sacode as suas consciências.

E bem viram que, nas cartas escritas à amante, nunca Cienfuegos fala em vingar-se dela, mas insiste na sua própria morte e no propósito de não tornar a vê-la.

A vertigem do sangue

É só no momento fatal e funesto da ação fulminante, que a idéia preconcebida do suicídio determina, imprevistamente, a idéia da morte também do outro e o desesperado amante resolve, logo, suicidar-se, mas matando primeiro, porque deixaram de funcionar os freios da sua vontade. E então Cienfuegos, em uma vertigem que eclipsa sentimentos e vontade, tendo a pistola ao alcance da mão e a lâmpada acesa dispara três tiros contra a mulher, que está deitada na cama, completamente nua. O estampido dos tiros produz nele um fenômeno bem conhecido de todos nós. Reabre os olhos à realidade: — O que fiz eu? Matei-a! — E volta, então, a arma contra si. A morte triunfa!

"Simulação de suicídio", disse ontem o Ministério Público! Mas como, simulação de suicídio? Pode haver simulação de suicídio quando alguém dispara um tiro que o toque apenas de raspão; mas Cienfuegos apontou ao coração; ficou vivo, por acaso, mas o projétil atravessou-lhe todo o pulmão e foi alojar-se junto da espinha. Será isso uma simulação de suicídio? Esteve trinta e cinco dias entre a vida e a morte!

Diz ainda o Ministério Público: "Havia uma outra bala na pistola, devia também tê-la empregado...". Estranha psicologia a do Ministério Público, à qual poderíamos chamar a psicologia do segundo tiro! Não quero dizer-lhe que experimente se é fácil disparar um segundo tiro, após aquele primeiro, tão mortal. Direi, pelo contrário, que o suicídio imediato é, para toda a gente, a confirmação certa de que esse homem é um desgraçado e não um criminoso; porque a experiência de sempre e os resultados mais exatos da ciência, demostram que o criminoso perverso, o delinqüente desumano, quando comete um homicídio, não pensa, nem por sombras, em suicidar-se; quem pensa em suicidar-se é o criminoso passional, que ainda ontem era um homem honesto e que, agora, no turbilhão da paixão, especialmente quando se trata do amor ou da honra, mergulhou na onda sangrenta, mas, logo que pratica o ato, sofre a pressão do seu senso moral, durante algum tempo eclipsado, e procura matar-se.

Até na tragédia de Shakespeare, que tão bem descreveu a psicologia humana, Otelo, logo que mata Desdêmona, antes que cheguem os soldados, suicida-se. Ainda me lembro da inesquecível figura de beleza italiana e da voz inigualável de Tommasso Salvini, que ao fantasma do pensador inglês emprestava a beleza plástica do latino: "Otelo morre!". E o suicídio de Otelo é a grande intuição de Shakespeare para revelar o mais fundo da alma do delinqüente passional.

O delinqüente por paixão mata-se imediatamente depois do homicídio, por uma reação do seu senso moral, que readquire, com o golpe homicida, a consciência do abismo em que caiu.

Foi o que se deu com Cienfuegos. Os três tiros de pistola despertam-no do sonho febril, da vertigem paroxística e volta, então, a arma contra si. Não morreu porque a ciência médica o socorreu a tempo, mas esteve trinta e cinco dias em perigo de vida.

Se o suicídio fosse simulado, era caso para dizermos que ele era um comediante; mas não vejo possibilidades, sequer, de suspeitar tal coisa. Tanto assim que, quando os magistrados instrutores se encontraram em face do fato inegável do suicídio de Cienfuegos, compreenderam que ele era a sua mais eloqüente defesa e procuraram, por isso, explicar o suicídio, com uma psicologia que, verdadeiramente, não sei como qualificar. Ontem, o Ministério Público disse: "simulação de suicídio". Não compreendo o fingimento que leva alguém a estar trinta e cinco dias em perigo de vida, por um projétil lhe atravessar o peito e ir alojar-se-lhe na espinha. Por que espera o Ministério Público para abrir os olhos à realidade?

Mas um outro representante do Ministério Público, que interveio no processo escrito, propôs outra explicação heteróclita. Há, na querela do Ministério Público, que põe termo à instrução, esta frase textual: "A póstuma tentativa de suicídio (póstuma por quê? se foi imediata) para se subtrair à sansão, *revela ainda melhor a calma do seu espírito!*". O suicídio revela ainda melhor a calma do seu espírito! Como queriam sustentar a premeditação e a premeditação exige a serenidade do espírito, para não admitir que o suicídio imediato é uma prova da índole impetuosa do homicídio passional, chegam até a dizer que o suicídio prova a calma do espírito! (*Hilariedade prolongada do público*.)

No despacho de pronúncia, repete-se: "Sentindo-se sob a ignomínia da pena, procura triunfar pela violência, disparando contra si um tiro de pistola, que é a prova de que o seu crime é indesculpável, e também da calma do seu espírito". Mas eu pergunto: a que estudo, a que observação empírica, podem os magistrados ir procurar a coragem para semelhantes afirmações?!

Estamos diante de um homem que sentiu o remorso imediato e

que, desesperado pelo que fez, quer desaparecer do mundo. É este o significado do suicídio imediato e tudo prova que temos na nossa frente um desventurado, caído, por acaso, cegamente, no abismo, e não um delinqüente calculador e perverso. Tanto isso é certo que, na Inglaterra, onde ainda as leis medievais punem a tentativa de suicídio, os jurados afirmam, constantemente, a irresponsabilidade do suicida sobrevivente, considerando-o atacado de enfermidade mental.

Cienfuegos não morre. Acorre o Doutor Nazzari e o que diz? Diz: "Precisando de interrogar o ferido, faço-lhe uma pergunta em alemão; ele limita-se a dizer o seu nome, acrescentando que o entristecia a idéia de ter de causar um desgosto à mãe". Foi isso que Cienfuegos disse ao Doutor Nazzari e o que este repetiu ao juiz instrutor. Pensa na mãe, quando sente que a morte o não quis, que o túmulo não se abriu para ele. Logo depois de ter dado ao médico o seu nome, pensa na mãe distante, que é a última imagem que se apaga no coração do homem, e, ao mesmo tempo, demonstra, assim, a bondade indiscutível do seu coração.

Criminoso passional

É esse o homem, são esses os fatos.

Digam agora se ele é um criminoso desumano, se agiu movido por uma paixão ignóbil, por uma paixão de vingança ou de torpe cobiça ou por brutal malvadez, ou se, pelo contrário, é um homem caído no vórtice profundo de uma terrível paixão, daquela febre humana que é o amor, um homem que, por amor, dá e procura a morte.

E ele confessa, porque o criminoso por paixão que nega não existe; confessa sempre. Cienfuegos diz: "Fui eu que matei Bianca Hamilton". Di-lo ao juiz, e teve de ser interrompido o interrogatório, porque o professor Bastianelli declarou: "Se continuarem o interrogatório, este homem morre."

Mas há o enfermeiro Tan, banido da policlínica para um covil, que diz: "Quando me perguntou: E Bianca? — eu, por um sentimento de piedade, disse-lhe: não morreu". E ele — (é isto que diz Tan, no processo escrito) "É impossível que esteja viva porque disparei três tiros contra ela". Tan veio acrescentar, no julgamento, que Cienfuegos se "mostrou desgostoso pensando que ela não estava morta".

Essas palavras só agora as diz: mas, neste caso, é o enfermeiro quem mente. Não sei que influências o teriam levado a vir aqui referir uma coisa que tem a ignomínia da mentira e está em contradição com a psicologia deste homem. As testemunhas podem sofrer sugestões de todas as espécies.

Mas... adiante. Cienfuegos pergunta por Bianca, e acrescenta: "Nem sequer posso esperar que esteja viva porque disparei três tiros contra ela...".

A acusação diz que Cienfuegos se contradisse na explicação do crime — do princípio ao fim — porque umas vezes foi incitado imprevistamente ao crime pela carta para o americano, outras vezes, pelo contrário, pelo exame da agenda: "contradição que é a prova plena de que o ciúme não foi a razão *do crime*".

Ora, isso é, evidentemente, um equívoco da parte da acusação. Cienfuegos disse que, quando viu a carta para o americano, não pensou em matar a Hamilton, mas em suicidar-se. A idéia de matar a amante surgiu, imprevistamente, depois de ter visto na agenda o apontamento a respeito de N. O que então sucedeu, foi o ato automático da mão que disparou a pistola e, depois disso, fez fogo contra si mesmo.

Portanto, a acusação tinha os olhos tapados quando disse que Cienfuegos se contradisse. Ele nunca mentiu, nem nunca foram desmentidas as suas afirmações.

Mas isso não basta.

O libelo do Procurador Geral e o despacho de pronúncia, dizem que não pode invocar-se a passionalidade desse crime porque Cienfuegos não tinha o direito — e ainda ontem aqui o disse o Ministério Público — de exigir a fidelidade da Hamilton, porque esta não era sua esposa e era uma mulher livre, que podia dispor de si. Mas para que serve o direito civil, a lei do estado civil, quando se trata de julgar a responsabilidade penal de um homem? Não estamos aqui em um Tribunal cível, que deve julgar um pedido de separação conjugal! Seria o mesmo que, depois de lido o divino canto de Francesca da Rimini, no *Inferno* de Dante, vir o Ministério Público dizer qual o princípio e o artigo do Código Civil ou Penal que deve aplicar-se ao caso!

Isso corresponderia a julgar os homens como se fossem bonecos e não criaturas vivas e palpitantes.

— "Há um ano que vivemos juntos: o que é meu é teu: quero fazer-te minha esposa: vamos para o Chile, passando pela Índia:

peço-te que sejas minha, só minha: o receio de que o não sejas, envenena-me a vida: todo o meu ser treme só de duvidá-lo". — Eis Cienfuegos na Pensão Dienesen. O abismo chama o abismo: ele, no eclipse espasmódico da sua personalidade moral, dispara a arma, mata e tenta suicidar-se; talvez que o túmulo dê aquela união eterna, que tu, mulher perversa e adorada, não quiseste!

Essa é a explicação verdadeira porque é humana!

É certo que Cienfuegos não podia intentar um processo para fazer chamar a Hamilton ao Tribunal civil! Também podia não matar, concordo, mas isso pensamos nós, agora, no uso tranqüilo e sereno da nossa consciência, e não entregues aos repelões de uma tempestade de furor.

Mas se matou, por que matou? E como? E em que condições de vontade e de juízo?

É esse, senhores jurados, o problema jurídico que, a propósito dos quesitos, o Presidente submeterá à vossa apreciação: sobre cada um desses quesitos, quero dizer-vos algumas breves palavras, porque através do que eu disse e expliquei até agora, servindo-me lealmente dos documentos do processo, já devem estar habilitados a responder a todos.

O primeiro quesito é este: — Em 6 de março, na Pensão Dienesen, foram disparados três tiros de pistola contra Bianca Hamilton, que a mataram? Só pode responder-se a ele com um *sim*. É a existência do fato material.

Segunda pergunta: — Esses três tiros contra a Hamilton, que lhe produziram a morte, foram disparados pelo acusado, Carlos Cienfuegos? — Só é possível responder que *sim*. Foi ele, confessou-o mesmo à beira do túmulo.

Premeditação

Chegamos à terceira pergunta: — Quando Cienfuegos disparou os três tiros, quais eram as suas condições de espírito? Era responsável ou irresponsável por aquilo que fazia?

Eis o problema.

Liberto-me, rapidamente, da premeditação. Falar em premeditação neste caso equivale a afirmar sem uma sombra de prova, porque o único argumento da acusação, o da pistola e do punhal serem trazidos de Berlim, demonstra precisamente o contrário, se é verdade — e é verdade! — que Cienfuegos foi ao quarto buscar a pistola e deixou o punhal, não o levando para o utilizar contra a mulher.

Premeditação! Mas a premeditação é, sobretudo, a serenidade do espírito, e é por isso que encontramos neste processo um Ministério Público, que afirma ser o suicídio uma prova de tranqüilidade do espírito.

Se o representante do Ministério Público fosse o cronista de um grande jornal e, tendo de descrever os dramas cotidianos que terminam pelo suicídio, dissesse aos seus leitores: "Essa mulher atirou-se do quarto andar, e isso demonstra a serenidade do seu espírito!", penso que o seu diretor o punha na rua sem hesitar.

A propósito da premeditação segundo a nossa Lei, que deverá ser aplicada ao julgar, não lhes lerei, senhores jurados, os comentários de alguns advogados de defesa e professores teóricos. Citarei, em vez disso, para maior tranqüilidade dos vossos espíritos, o volumoso comentário ao Código Penal de Crivellari, que foi substituto do Procurador Geral junto do Tribunal Criminal de Turim. Já morreu, mas eu tive o prazer de conhecê-lo pessoalmente; era, portanto, um superior hierárquico do atual jovem representante do Ministério Público, a quem — apesar das suas interrupções — desejo que, rapidamente, obtenha o mesmo título.

O Procurador Geral Crivellari, à pág. 815 do vol. VII, diz: "Apareceram três critérios diferentes para definir a premeditação: o psicológico (estado de espírito do delinqüente, frieza) — o cronológico (intervalo de tempo mais ou menos longo entre a determinação e a ação) — e o ideológico (reflexão).

Nesses últimos tempos, alguns criminalistas sustentaram um outro critério: "o da natureza dos motivos que impelem ao crime".

E visto que o nosso legislador não define a premeditação e deixa a sua afirmação ao prudente critério do julgador, conforme o que resulta do processo, qual será o critério a seguir?

Crivellari responde: "Se examinarmos o que, no seu relatório, escreve o ministro Zanardelli, devemos concluir que, para admitir, nos casos criminais, o *verdadeiro conceito* da premeditação, é preciso seguir não só os três critérios acima referidos, mas também o quarto, *que parece ser o mais relevante de todos*, o da índole dos motivos do crime".

Pensem, senhores jurados, que Cienfuegos não matou por vingança, nem por cupidez: matou por amor, e respondam, depois, ao quesito sobre a premeditação, acerca da qual Crivellari conclui: "Não basta ter querido o homicídio. Este deve ser meditado, sendo a volição acompanhada pela reflexão". Para admitir a premeditação, é isso que, portanto, exige Crivellari, substituto do Procurador Geral do Rei.

Poderia Cienfuegos refletir quando disparou os tiros contra a Hamilton? Teria havido um intervalo de tempo entre a determinação e a ação? Teria sido um móbil criminoso e perverso que levou ao ato de desespero homicida e suicida? Tinha o espírito tranqüilo no momento do crime, se é crime de amor? É inútil falar mais no caso. Trata-se de um crime impetuoso, não premeditado, por isso direi que é um crime mais emotivo que passional, pois a psicologia criminal distingue o crime emotivo, determinado pelo estalar fulminante de uma emoção, do crime passional, que deriva de uma paixão no estado crônico, a qual é, para o sentimento, o que a idéia fixa é para a inteligência. De qualquer modo, crime mais precisamente por *raptus* emotivo ou crime passional, o certo é que só surge depois e através de uma alternada, dolorosa e perturbadora vivência de esperanças e de receios, de dores e de alegrias, de desilusões e de ruínas.

Cienfuegos, partindo de Berlim, vem para Roma com o desespero na alma, sem saber o que irá fazer. Só pensava numa coisa: ver a mulher a quem amava, levá-la consigo para o outro lado do oceano, para o Chile.

Era esse o seu pensamento.

Enfermidade mental

Chega ao quarto da Pensão Dienesen. Desengano. O golpe mortal, vibrado no seu coração enamorado, dá-lhe a sugestão do suicídio: mas a altivez da sua atormentadora de amor, produz nele uma erupção vulcânica de dor, de desespero e de paixão: é então que a pistola faz fogo contra ela e contra si mesmo. É esse o crime praticado por Cienfuegos. E, ao praticá-lo, seria ele irresponsável, virtude de enfermidade mental?

Para pedir a absolvição de Cienfuegos, poderia não ter sido tão sincero para convosco. Poderia não ter invocado o artigo 46º, relativo à enfermidade mental, e dizer-vos: Senhores jurados, as perguntas que vos são feitas sobre os fatos, são três: a primeira, se sucedeu o fato; a segunda se foi Cienfuegos quem o praticou e, se não tivesse invocado o art. 46º, o terceiro quesito seria apresentado nos termos seguintes: "Cienfuegos é culpado por ter disparado os três tiros?": e a esse quesito poderiam responder — como têm feito tantos júris: — Não, não é culpado; é o autor material do fato, mas não tem culpa, não é responsável.

Poderia ter, assim, evitada a questão. Mas eu gosto de dizer, sinceramente, aquilo que, na minha opinião, é a verdade.

Peço-lhes que afirmem, em consciência, que Cienfuegos, no momento do crime, estava em tal estado de enfermidade mental, que lhe tolhia... o que diz o nosso Código? O nosso Código diz: "Não é punível aquele que, no momento em que cometeu o fato..." Reparem nessas palavras, senhores jurados, porque ontem o Ministério Público dizia que a enfermidade mental deve ser permanente. Isso é um erro tão grande, que não caberia dentro do Coliseu.

M. P. — Deve provir de vício orgânico.

Ferri. — Mas leu o artigo da Lei? O art. 46º fala, por acaso, em vício orgânico?

M. P. — Fala em enfermidade.

Ferri. — Mas a enfermidade, digo-lhe eu — porque não quereria, certamente, que a sua lógica fosse enferma —, a enfermidade não é uma doença, como demonstrarei em breve! *(Interrupção do Presidente.)*

Ferri. — A minha ironia não contém veneno, senhor Presidente, pois sou um bonacheirão... Não espicaço nem provoco ninguém, mas quando me picam respondo, e a minha resposta é sempre correta e aumentada... embora desconhecendo o magistério do ódio bárbaro!

Diz, portanto, o art. 46º, "no momento em que cometeu o fato". Assim, a enfermidade mental pode ser anterior ao fato e pode não sê-lo; o essencial é que exista no momento do crime, podendo constituir aquilo a que já se chamou mania transitória, e que é, por exemplo, o caso do crime praticado em plena perturbação, no rapto, na vertigem de uma emoção ou de uma paixão.

Essa enfermidade mental, diz o Código, deve ser de molde "a tirar a consciência ou a liberdade de ação". Há, portanto, mesmo à face da nossa lei, duas formas diferentes de enfermidade mental: a que tira a consciência e a que tira a liberdade de ação. Declaro já que a Cienfuegos não faltou a consciência do que fazia. Porque a perturbação, a enfermidade mental, o furor transitório que tira a consciência dos próprios atos, deve ser uma verdadeira forma de loucura; e, mais ainda, uma daquelas formas de loucura que tolhem, por exemplo, o uso da razão, porquanto há loucuras, consideradas lúcidas, que deixam ao indivíduo a consciência dos seus atos.

Mas a enfermidade mental do art. 46º faz desaparecer toda a responsabilidade, mesmo quando, no momento do crime, tira apenas a liberdade de ação, deixando intacta a consciência.

É esse o caso de Cienfuegos.

Cienfuegos sabia o que fazia. Tanto que, depois de disparar contra o seu próprio peito, procurou abrir a porta para pedir socorro, mas faltaram-lhe as forças e caiu por terra.

E até mesmo quando disparou contra si, apontou a pistola ao coração, o que demonstra que tinha consciência do que fazia. Faltou-lhe a liberdade de ação, isto é, naquele momento, tinha a vontade enferma.

E se os senhores jurados não quiserem acreditar na minha observação isolada, mas que corresponde à realidade dos fatos da causa, ouçam como, segundo Crivellari, se deve aplicar o art. 46º do nosso Código Penal.

A pág. 415 do vol. III do seu Comentário escreve: "Da exposição histórica sobre os antecedentes deste art. 46º, conclui-se, evidentemente, que o pensamento legislativo foi atingir todas as perturbações mentais mórbidas: estados vulgarmente indicados pelas palavras doidice, aberração mental, loucura e semelhantes, ou melhor, pela frase, ainda mais geral, de vício mental ou enfermidade mental".

"Foi esse o pensamento que deu origem à fórmula adotada no art. 46º, *na qual foi preferida a frase mais genérica de enfermidade mental...*"

"E a propósito de *mente*, parece-me conveniente recorrer ao significado que a esta palavra deu o ministro Zanardelli, no relatório sobre o seu projeto de Código: — "A palavra *mente* é empregada no seu mais amplo significado, nela se compreende *todas as faculdades psíquicas do homem*, congênitas e adquiridas, simples e compostas, desde a memória à consciência, da inteligência à *vontade*, do raciocínio ao *senso moral*".

Portanto, senhores jurados, é claro que, para aplicar o art. 46, que declara não punível o autor do fato, é preciso que este se tenha encontrado, no momento do crime, em um estado de enfermidade mental que, como no nosso caso, lhe tire a liberdade de ação.

"Mas — diz o Ministério Público — deve ser uma enfermidade orgânica, uma doença."

Já hoje lhe respondi que a palavra "orgânica" não se encontra na Lei e os juízes não podem criar uma Lei diversa da que está escrita.

O art. 46º fala em *enfermidade* e não em *enfermidade orgânica*.

Ainda devo acrescentar que, dos trabalhos preparatórios do Código vigente, se tira a prova evidente de que a verdadeira interpretação do art. 46º é aquela que eu lhe dei.

No projeto do Código, apresentado por Zanardelli, em 1887, esse artigo era assim formulado: "Não é punível aquele que, no momento em que cometeu o crime, estava em tal estado de *deficiência* ou de *mórbida alteração mental*, que lhe tirava, etc.".

Na discussão parlamentar, fiz algumas críticas a essa fórmula do projeto. Ainda ontem o recordou o Ministério Público, mas recordou-o mal, deformando a verdade dos fatos, o que não é um processo leal, nem... inteligente, de discussão forense.

Eu disse que, segundo aquela fórmula, o pai que, chegando, de repente, junto do filho acabado de matar por um assassino, matasse, ali mesmo, o assassino do seu filho, deveria ser condenado, porque não estava em estado de legítima defesa (tendo já o fato ocorrido anteriormente) e não estava, também, em estado de deficiência ou *mórbida* alteração mental, quando o certo é que o senso moral de toda a gente diz que não se pode, nem se deve, condenar em tal caso!

E as minhas críticas deram como resultado modificar-se aquela fórmula: tanto que no art. 46º vigente já não se fala em *deficiência mental* e, sobretudo, já não se fala de *mórbida alteração mental*.

Esta implica, realmente, um estado de doença, de morbo mental e, portanto, também orgânico, como dizia o Ministério Público. Mas esqueceu-se de que a lei vigente não é o projeto Zanardelli de 1887, mas o art. 46º.

Ora, *enfermidade mental*, o que significa? Enfermidade não é sinônimo de doença.

Diz-se enfermo aquele que não se encontra no estado normal da sua saúde física, ainda que sem estar propriamente doente. Enfermo é quem não está no pleno uso das suas forças, mas sofrendo de um mal-estar geral. Quando se pergunta, por exemplo: "não tem bom aspecto, está doente?", e se responde: "não sei dizer ao certo, mas não me sinto bem". Então, trata-se de simples enfermidade. Vem o médico e diz que é uma coisa passageira, que não é uma doença. A doença é outra coisa, é a pleurisia, a pneumonia, etc. Portanto, doença não é sinônimo de enfermidade.

Por conseqüência, enfermidade quer dizer não firmeza, condição anormal. E de quê? Da *mente*, segundo o art. 46º; e porque a palavra "mente" compreende todas as faculdades psíquicas do homem, Cienfuegos, agindo com consciência e inteligência, mas com a vontade paralisada, perturbada e enferma, tem o direito de invocar a não punibilidade de um fato, que será deplorável, mas não é criminoso, no sentido legal da palavra, porque, tendo os elementos materiais e formais do crime, não possui os elementos espirituais exigidos pelo senso moral.

Para se poder aplicar o benefício da irresponsabilidade por enfermidade mental, é preciso, portanto, ter a persuasão de que se trata de um homem que, no momento em que cometeu o crime, não tinha firmeza mental, nem a vontade em condições normais.

O amor sensual amolece a vontade do homem, torna-a enferma. Se, sobre essa vontade pouco firme, atua o trágico impulso de uma desilusão de amor, de um mundo que se derruba, falar em responsabilidade normal é proferir uma heresia, contra a mais evidente verdade humana.

Nesse caso, que é o de Carlos Cienfuegos, o homem deixa de estar senhor das rédeas da vontade, como dizia o filósofo grego, e, como diz Maudsey, transforma-se "em uma máquina explosiva".

Por conseqüência, se a enfermidade da vontade está compreendida no art. 46º e não é punível, Carlos Cienfuegos, que cometeu o homicídio no eclipse vertiginoso da sua vontade, não é, portanto, um criminoso, não é punível de harmonia com a lei, e tanto o seu crime quanto o seu destino, devem ser avaliados à margem do Código Penal, no campo livre da consciência pública.

Senhores jurados: confio em que não recorrerão àquele meio termo que lhes será oferecido pelo quesito relativo à semi-enfermidade mental porque, nesse caso, a sentença que poderia derivar da vossa resposta, seria inadequada ao aspecto dos fatos e, portanto, injusta.

O Código, no seu art. 47º, diz: "quando o estado mental... seja tal que diminui grandemente a imputabilidade", a pena (como agora, no caso de Cienfuegos) será de três a dez anos. Isso equivale a dizer que, apesar da vossa intenção de proferir uma decisão justa e clemente, e contrariamente a ela, os efeitos podiam ser de um excessivo rigor e quase iníquos. Mas eu creio que responderão *sim* ao terceiro quesito, e assim, todos os outros ficam prejudicados e não é preciso ir mais além.

Julgamento humano

É certo que têm de julgar um homicida. Não peço, por isso, lauréis, mas justiça, que seja feita de verdade e de clemência.

Lembrem-se de que Carlos Cienfuegos está há um ano na cadeia: que há um ano expia o seu mau ato, porque se trata de um ato reprovável.

Não o aplaudo, mas ele é um desventurado que esteve seis meses doente: disse aqui o médico Polidori — o médico da cadeia — que em fins de outubro esteve de cama, com febre e de ânimo deprimido. E, portanto, um homem que sentiu remorsos por aquilo que fez. Então, senhores jurados, se tudo o que eu aqui disse é a expressão sincera da verdade e é a imagem da sua alma, à luz do processo, não duvido de que responderão *sim* à primeira e à segunda pergunta, e que, igualmente, responderão *sim* à terceira, absolvendo Cienfuegos.

Absolvam-no, para que regresse à sua pátria distante, do outro lado dos Andes. Absolvam Cienfuegos; ele sairá da Itália; não ficará a passear em Roma, mas voltará para a sua pátria, para junto da sua mãe, onde reconstruirá a sua vida, onde, com o seu diploma de engenheiro, se regenerará pelo trabalho, que é a grande força benéfica da humanidade.

Não o fechem na cadeia por mais alguns meses, pois já lá passou um ano, e, durante ele, esteve seis meses doente; absolvam-no. Digam-lhe que é um desventurado. O vosso veredicto proclamará assim, à nossa juventude, que o amor é a grande beleza da vida humana: mas o amor de Vênus Afrodite, o amor que contém em si a estima pela mulher amada, nos limites do que é honesto e do que é lícito, e não o amor da Vênus Pandemia, que enfraquece a juventude e impede os moços de darem à pátria, à civilização e à humanidade, o sangue e as forças que trouxeram do seio materno.

Digam a esse rapaz, digam a Cienfuegos, que o amor não é crime, que o amor é a grande beleza da vida, mas que os excessos do amor levam às aberrações do amor e que esses excessos e essas aberrações arruinam os indivíduos e os povos. Mandem-no para a sua pátria: nela se regenerará pelo trabalho, junto da branca imagem de sua mãe, que o acolherá no seu regaço que não conhece rancores: restituam-no à mãe, e ele toda a vida terá a amarga recordação de um país do norte, que lhe deu traição e aberrações sexuais, e a de um país de sol, que lhe deu justiça clemente e humana!

Disse.

Um aplauso longo, unânime, estrepitoso, da imensa multidão que assistia aos debates, estala na sala, aplauso que as enérgicas reclamações do enérgico Presidente não conseguem refrear.

– São uns malcriados! – diz o austero Presidente.

– É a voz do coração! – grita alguém do público.

Um caso de homicídio

Defesa de Tullio Murri, no Tribunal de Turim

Audiência da manhã

Excelentíssimos membros do Tribunal, senhores jurados!

Cabe-me agora a vez de falar em defesa de Tullio Murri. Mas, depois da análise dos fatos, que aqui foi feita pelo meu amigo Palberti, com tanta inteligência e sentimento, depois daquilo que, em defesa de Tullio, disseram os colegas Calissano e Altobelli, o meu trabalho está bastante reduzido.

Não pretendo abusar do tempo do Tribunal e, por isso, vou limitar-me aos argumentos mais espontâneos, sinceros e positivos, que tenho o dever de recordar à vossa consciência, para que o caso de Tullio Murri seja julgado em uma atmosfera serena, fora e acima de todas as prevenções e de todas as complicações.

Vou, para isso, procurar expor, com a maior clareza, o que do processo resulta acerca da personalidade de Tullio Murri e, portanto, da sua responsabilidade.

Tullio Murri tem contra si a inegável realidade do fato lutuoso por ele confessado: a morte de um homem. Tullio Murri deve, por conseqüência, ser condenado.

Isso é um fato pelo qual todo o homem que chega, em virtude da Lei, ao vosso cargo de juízes, viva na aldeia ou na cidade, sente um primeiro sentimento de repulsa, porque a morte de um homem é sempre a maior desventura que pode cair sobre um ser humano, qualquer que seja o motivo, mesmo não ignóbil ou desculpável, que tenha arrastado a mão do irmão a matar o irmão.

O linchamento moral

Mas — não obstante a enormidade lutuosa do fato — para administrar justiça, para proferir um veredicto de homens conscienciosos, é preciso saber resistir à influência do sentimento, que se abrasa na impressão da morte de um homem, é preciso, especialmente em uma causa judiciária como essa — em que a desigualdade e complexidade das circunstâncias materiais e morais tornam bastante difícil a posição da vossa consciência, que há meses pede o relâmpago de luz que a guie e conduza a conclusões seguras —, em uma causa judiciária, sobretudo é preciso resistir a esse impulso do sentimento de reprovação, para medir e avaliar, serenamente, o pró e o contra das circunstâncias, que emprestam uma luz diversa aos diversos episódios do processo.

É para isso que serve o julgamento público. A tendência, que provém da impulsividade selvagem do fato lutuoso, para o anátema e para a perseguição contra o autor do crime, foi possível em Bolonha, de lá irradiando, durante meses e meses, sobre toda a opinião pública italiana. Foi possível em Bolonha, porque lá não se tratava de administrar justiça, mas era o espírito coletivo que, por motivos e por paixões, nem todos ignóbeis, é certo, mas, também, nem todos sinceros e legítimos, se deixava arrastar para uma perturbação da opinião pública, na qual havia, quero crê-lo, alguns desejos de que fosse feita justiça, mas havia, também, o espumar de toda a lama do ódio político e das invejas profissionais, que chegaram até a lançar no sorvedouro da opinião pública aquecida ao rubro, o tição incendiário da especulação pessoal.

Mas esse furor deve deter-se à porta dessa sala porque não é possível que a Itália veja renovar-se, através do vosso veredicto, aquele espetáculo miserável do linchamento americano, contra o qual se levantaram protestos em todo o mundo civilizado. Em Bolonha, assistimos a um linchamento moral, e não só contra os acusados, a quem deveis julgar, mas contra toda a sua família, e a exaltação da opinião pública, como disse o senador Codronchi, começando no encarniçamento político e nas invejas profissionais, conseguiu, senão cobrir, pelo menos circundar da neblina miasmática das suspeitas, na acusação e nos autos de instrução, a figura de Augusto Murri, que agora, diante de vós, nesta sala, e fora daqui, na opinião pública italiana, se ergue, de novo, na pureza diamantina da sua moralidade austera, tendo recebido a homenagem da verdade pela boca dos oradores da parte acusadora e do Ministério Público.

Naqueles dias, em Bolonha, para desencaminhar a opinião pública acerca das causas da lamentável ocorrência de 28 de agosto, chegou-se até a falar de incesto entre o pai e a filha, entre o irmão e a irmã! E até um jornal, sem ser de Bolonha, se deixou arrastar pela falsidade das notícias tendenciosas, que consideravam como verdadeira causa da tragédia da rua Manzini, a psicopatia sexual de Linda Murri com Rosina Bonetti e de Tullio com a irmã. E dizia que o crime, no inferno dantesco desses danados, se destinou a evitar o escândalo; que o conde Bonmartini tinha ameaçado com a surpresa de São Lázaro, e que, por isso, Bonmartini fora votado à morte.

Portanto, atmosfera nada serena, que cessa à entrada desta sala, é certo, mas que, no entanto, produz um eco longínquo nas vibrações comuns dos espíritos, contra o qual devem pôr-se em guarda as vossas consciências.

A luz desinfetante do julgamento público

O julgamento demonstrou, de certo modo, mais uma vez, a utilidade social dessa grande conquista da sociedade moderna, que acrescentou a luz da discussão pública ao segredo da instrução penal: assim é que, esse julgamento público, mesmo antes do vosso veredicto, já deu lugar a uma grande vitória da verdade, que só nos podíamos limitar a afirmar, e que, daqui, sairá incontestada e incontestável.

Pondo de parte o que, acerca dos outros acusados, especialmente de Linda Murri, dirão outros colegas, que juntamente com os outros ilustres defensores, vos darão o exemplo do esplendor e do valor do talento italiano, pondo de parte a defesa dos outros acusados, estou em situação de poder afirmar que o julgamento público obteve esse grande resultado: fizeram tombar, ruir toda a emaranhada selva de mentiras e de exagerações, que envolvia a fisionomia, a causalidade, as determinantes da tragédia que deveis julgar.

Viram as provas documentais — desde o episódio do encontro marcado com o Antico, no vaporzinho de Veneza, até ao episódio do engenheiro Saccenti —, as provas desse diminuir e dissipar dos exageros e das deformações que se tinham formado à volta dos fatos mais simples, não por má fé da parte do juiz instrutor ou de outra pessoa, mas porque, quando a atmosfera está incandescente, tanto a óptica dos nossos olhos, como a do coração, deixam de ver e de distinguir as proporções reais da vida e das coisas. O engenheiro Saccenti pôde vir aqui demonstrar como, se não se tivesse encontrado o telegrama escrito pela mão de Rosina Bonetti, aquele episódio teria ficado, inalteravelmente, como uma suspeita de cumplicidade no conluio, que na instrução chegou a atingir proporções fantásticas. Porque — como os senhores jurados ouviram, ao lerem-se as peças do processo — o juiz instrutor, que é um homem, filho, como os outros, de uma mulher, e no qual não podemos pretender que haja heroísmos sobre-humanos e sobre-humanas perfeições, não pode resistir ao vendaval da opinião pública. Olhai para uma praça dessa linda cidade de Turim: quando o vendaval se desencadeia, começa por arrastar o pó, as palhas e os papéis, mas depois, se o vendaval aumenta de intensidade, até os objetos reais pesados são arrastados, e talvez o velho carvalho e as frondosas árvores sejam, dessa maneira, atiradas da vida para a morte.

Também no campo da consciência pública surgem, por vezes, desses furacões morais, dessas tempestades psicológicas, em que é humano, e inevitável, que até aqueles que têm por lei o delicado, difícil e terrível encargo de procurar a verdade, através dos meandros da instrução penal, sintam a influência dessa perturbação do sentimento público. E é por isso que, tanto nós os defensores, na discussão pública, quanto os senhores jurados, nas suas respostas, vamos reduzindo às suas proporções reais, e portanto mais justas tudo o que há nos processos de exagero e de maldade. Isso não é um trabalho iconoclasta, de desprezo ou de desviação, mas um trabalho que, para se poder fazer justiça, restitui à verdade o seu brilho, que estava empanado e oculto pelas perturbações das paixões públicas.

Augusto Murri

A figura de Augusto Murri obteve, neste julgamento, a sua reivindicação moral.

É inútil que eu fale de Augusto Murri, a quem todos, certamente, conhecem e admiram, como uma das mais fúlgidas glórias da ciência italiana; e se a parte acusadora, pela boca do advogado Nasi, chegou a dizer que "em Augusto Murri via uma das mais lamentáveis vítimas desta causa", isso é uma das grandes vitórias do julgamento público, porque ainda no início do julgamento, no fim da decisão da Câmara de Conselho — que ainda encontrou eco em atos ulteriores —, se falava na cumplicidade de Augusto Murri e de Giannina Murri com os filhos, no assassinato do conde Bonmartini! E dizia-se, no acórdão da Câmara de Conselho, que essa cumplicidade não podia, contudo, concretizar-se em provas sólidas e positivas senão como crime de encobrimento, que a lei deixa impune quando se trata de parentes próximos. Dessa maneira, apesar de Augusto e Giannina Murri ficarem fora da sala do Tribunal, lançava-se sobre as suas pessoas o peso e a cruz dessa horrível suspeita, criando uma atmosfera de veneno moral, que levou Augusto Murri, em setembro, ao escrever ao professor Vitali, de Veneza — explicando o seu telegrama que, à primeira vista, e em virtude da tensão dos espíritos, podia parecer um indício de cumplicidade —, que levou, repito, Augusto Murri, na serena elevação da sua consciência moral, a dizer a Vitali: "Nessa fúria de acusar, não sei se até de mim suspeitarão como criminoso!".

E Tullio? Mas Tullio, neste julgamento, antes ainda das respostas precisas e categóricas, que, no veredicto, os senhores jurados terão de dar, para fixar a sua opinião, Tullio Murri assistiu, no julgamento, a esse fenômeno: a sua figura foi-se destacando da névoa miasmática da aversão repulsiva em que a envolvera a instrução penal, para se elevar, pouco a pouco, no pleno sentimento da piedade humana. Porque no julgamento surgiram elementos de prova, que datavam de alguns anos antes do fato lutuoso, elementos de apreciação, que desculpavam, perante o vosso espírito, o espírito desse desventurado. E assim — sinto-o, não tenho bem a certeza —, a pouco e pouco, no vosso coração, na vossa inteligência, foi-se delineando uma figura mais humana desse infeliz, e viram que ele, ali, no banco dos réus, pode ter todas as fraquezas a que a dor empresta as suas asas negras e lutuosas, mas não pode ser olhado como um criminoso perverso e ignóbil, como o considerava o juiz de instrução, e ainda aqui, diante de nós, o repetiu o Ministério Público, como se esse julgamento não tivesse, nesse ponto, limpado completamente a atmosfera de repulsa e de antipatia que se havia acumulado à volta da figura de Tullio Murri.

E essa elevação da personalidade de Tullio Murri no vosso espírito, teria sido, por acaso, o resultado daqueles desvios e daquela retórica a que, como arma preventiva, aludia o orador da parte acusadora, esperando assim internar em um lazareto psicológico os argumentos defensivos que teríamos a honra de expor-vos?...

Desvios e retórica? Mas ainda antes de podermos falar, já a figura de Tullio Murri se tinha definido diante dos vossos olhos nas suas porções humanas, que têm, é certo, um lado obscuro, mas têm, certamente também, um aspecto simpático e piedoso; foi a força insubmergível da verdade que conseguiu fazer emergir desse alforje dantesco, desse aglomerado de criminalidade tenebrosa, a figura desse infeliz, que matou um homem, mas que pode perguntar-vos: Por que matei?

A significação dos fatos humanos

Porque, se é certo que a morte de um homem é a maior infelicidade que pode acontecer a um ser humano, é inegável que o porque da morte, o seu móbil, a causa que leva um homem a matar outro homem, tem uma força e um valor decisivos para o julgamento moral e para o julgamento penal.

Os atos da nossa vida, tanto em família quanto na sociedade, tanto na doce intimidade do lar quanto na exteriorização da vida pública, valem só por aquilo que os seus móbiles têm, de nobres, escusáveis e humanos.

A própria caridade pode ser torpe, se torpe for o móbil que a determina, se quem pratica a caridade o faz para corromper o beneficiado, por vaidade, no desejo de conquistar louvores ou tendo em vista interesses indiretos e pouco nobres. A caridade só é uma sublime manifestação do sentimento de fraternidade humana, quando o móbil do ato benéfico é humano, nobre e sincero.

Pois bem: aquilo que sucede nas manifestações da atividade benéfica do homem, sucede nas manifestações da sua atividade maléfica. O crime assume diversos valores, e devemos dar, por isso, uma diversa valoração moral, e até legal, à mesma materialidade do fato da morte de um homem, conforme a diversidade moral das causas que impulsionaram o outro homem a matar, conforme o móbil que constitui como que o espírito do fato material.

E para julgar humanamente, devemos libertar-nos, emancipar-nos da influência do sentimento imediato de repulsa, para podermos apreciar, serena e honestamente, as razões que podem ter imprimido em uma criatura humana o ferrete indelével de ter morto um homem!

E, por isso, pergunto: se considerarmos o crime de 28 de agosto, em relação à responsabilidade material e moral de Tullio Murri, poderão os senhores jurados negar a si próprios a realidade incontestável deste fato: que Tullio Murri não matou por interesse egoísta, que Tullio Murri não agiu com um móbil de utilidade pessoal, mas foi — talvez isso seja, porém, um exagero e um desvio de raciocínio — levado ao crime pelo seu grande afeto pela irmã? E que ele, jovem, rico, com um nome glorioso, tudo sacrificou: fortuna, juventude, nome glorioso e futuro, unicamente porque, no seu espírito e no seu coração, pensou e sentiu que devia salvar a irmã?

Ora, isso é a verdade, a verdade incontestável, e não há eloqüência, da acusação pública ou particular, mesmo quando chama *figura ignóbil de assassino* a Tullio Murri, que consiga apagar do nosso espírito esse sentimento de profunda piedade com que vemos um rapaz ser arrastado, por um móbil digno de desculpa e de compaixão, para o barato da morte de um homem!

Três perguntas

E, sendo assim, se é essa a fisionomia do caso de Tullio Murri, tal como resulta, por conquista incoercível da verdade, do julgamento público, eu só tenho de apontar, de entre os resultados mais importantes da instrução e do julgamento, as provas da verdade desse ponto fundamental e, portanto, as conseqüências que terão de ser fixadas nas respostas aos diversos quesitos que o presidente apresentará à vossa decisão.

E visto que o meu amigo Palberti já explicou como se desenvolveram os fatos na sua sucessão cronológica, eu, para não repetir o que já está dito, devo propor a mim mesmo três perguntas:

1ª — Quem é Tullio Murri?

2ª — Por que agiu Tullio Murri?

3ª — Quais as condições de espírito que o levaram à ação?

São as respostas a essas três perguntas que fixam os limites do meu encargo e encerram o *veredictum* da vossa consciência.

Quem é Tullio Murri?

Tullio Murri, quem é?

Uma das razões pela qual o processo Murri não só desencadeou uma verdadeira tempestade na opinião pública de Bolonha, por ocasião do crime, mas continuou a manter em um estado agudamente espasmódico a opinião pública e a atenção geral, é porque o processo Murri constitui um nó górdio de problemas humanos, em relação ao qual cada um de nós, em cada episódio singular, que da materialidade da acusação venha para o horizonte da nossa consciência, é arrastado, irresistivelmente, a fazer considerações que são colaterais, precedentes, subseqüentes, e sem as quais qualquer episódio desta audiência é como uma folha seca na árvore do raciocínio e do julgamento.

São problemas de vida familiar, de amor fraternal, de eficácia da educação paterna sobre os descendentes, são as razões da observação política, as razões do desmembramento de uma família, quando a solidariedade dos espíritos desaparece, como fato irremediável, depois do momento fugitivo da conjunção de duas epidermes, que fazem com que, de todos os poros desta causa, surja uma questão de alto interesse moral, sem resolver a qual não poderemos, com segurança e consciência, delimitar a responsabilidade dos acusados de hoje e, especialmente, a de Tullio Murri.

E é por isso que, querendo dizer quem é Tullio Murri, se torna necessário recordar aqui, como verdade elementar, de experiência cotidiana, que cada um de nós é o produto do seu temperamento e do seu caráter, conjugados com a educação recebida no seio da família e as circunstâncias da vida em que se encontrou.

Com efeito, a experiência cotidiana diz-nos que cada um de nós tem uma tendência e uma organização físico-moral que pode ser, em parte, modificada pelas relações do ambiente familiar e social em que se encontra, de modo que uma diametral diversidade de destinos pode realizar-se para cada criatura, conforme a polarização da sua vida social e familiar.

Dentro em pouco estudaremos o temperamento, o caráter, a constituição moral e intelectual de Tullio Murri. Por agora, pergunto: qual foi a educação que Tullio Murri recebeu?

A educação na casa Murri

Na audiência passada, o Ministério Público declarou, e repetiu-o na sua acusação oral, que não queria discutir o sistema pedagógico da casa Murri. Foi também essa uma das grandes conquistas do julgamento público, porque, senhores jurados, nos autos de instrução, os métodos de educação da casa Murri foram apresentados como uma acusação direta contra Tullio Murri.

De nada vale dizer, como, vindo à estacada, disse um orador da parte acusadora, que a boa educação da casa Murri, agora admitida, depois da vitória incoercível deste julgamento, torna ainda maior a responsabilidade de Tullio Murri. A esse respeito falarei um pouco mais tarde.

O fato é que, na sentença da Câmara de Conselho, relator Stanzani, se lêem essas palavras, que tantas polêmicas apaixonadas, mais ou menos sinceras e mais ou menos honestas, provocaram em toda a Itália: "Não deve esquecer-se que o ambiente moral em que foram criados Tullio e Linda Murri era, evidentemente, o menos apto para impedir o desenvolvimento das graves tendências e o mais propício à germinação de outras, especialmente o orgulho, a ambição, a duplicidade e a dissimulação. Crescidos no meio de um profundo dissídio familiar, entre o autoritarismo da mãe e o racionalismo do pai, os filhos não tiveram a educação tradicional, a única que pode refrear os excessos dos sentimentos e das paixões, sempre funestos, sobretudo a quem, *por motivos fisiológicos*, está mais sujeito ao predomínio deles sobre a razão".

Notava o perito professor Morselli, com toda a razão, que nessa frase da sentença da Câmara de Conselho há uma referência fugaz às razões fisiológicas do destino de Tullio Murri; mas a referência fugaz não teve, depois, na instrução, nenhum seguimento de indagações ou de elucidação e só veio a ser explicada neste julgamento.

Mas, no fim das contas, depois de tudo o que as audiências públicas revelaram acerca dos métodos educativos da casa Murri, eu, não só quanto ao pai Augusto, mas até quanto a Tullio, afirmo a suprema injustiça da acusação contida na sentença da Câmara de Conselho, contra "a fraca moralidade da casa Murri".

Um pai racionalista

Afirmar, em pleno século XX, que o nacionalismo do pai é um ambiente adequado para provocar a delinqüência dos filhos, é continuar um preconceito atávico, que as luzes da civilização fizeram desaparecer para sempre. Mas já conhecem, acerca do nacionalismo de Augusto Murri, a opinião viva e palpitante de homens que estão no pólo oposto à vida intelectual e moral de Augusto Murri, como o cônego Sgarzi e o bispo Bonomelli. A moralidade de Augusto Murri foi chamada, pelo bispo Bonomelli: "moralidade estóica, à maneira de Marco Aurélio", pelo que o jovem poeta italiano Giovanni Pascoli, que o Ateneu de Bolonha chama para a sucessão gloriosa de Giosué Carducci, no seu poemeto "*La Messa d'oro do bom bispo Bonomelli*", hoje publicado, consagra umas palavras de piedade também aos filhos daquele Augusto, a quem o bispo Bonomelli, verdadeiramente cristão, não regateava palavras fraternais de estima e compaixão, quando o vitupério se concentrava sobre a cabeça de Augusto Murri.

"A melhor educação que deu aos filhos", diz o senador Coronchi, que milita em um partido afastado daquele a que pertence o professor Augusto Murri, "a melhor educação que deu aos filhos, foi o exemplo da sua própria vida", vida de sábio e de pai de família, vida de racionalista que sente latejar na consciência moderna toda a vibração da simpatia humana e deixa atrás de si as escórias envenenadas dos ódios e da intolerância, porque o racionalista moderno sente que nenhum homem, filho de uma mulher, pode pretender para si o monopólio da infalibilidade, mas que só o uso da razão lhe dá o direito de afirmar, livremente, o seu pensamento, respeitando, também, nos outros, absoluta e inteiramente, a liberdade das suas consciências e dos seus pensamentos.

Podemos, ainda, lembrar o que, na rogatória de Bolonha, diz Sóror Clementina, acerca de Augusto Murri: "Ele era bom para os criados e nunca lhe ouvi dizer mal da religião"; e, contudo, Augusto Murri não é um crente, mas atingiu o mais elevado grau da inteligência humana. E a bondade com que tratava os criados da sua casa, foi, inutilmente, sujeita ao destilar de ácido corrosivo da ironia da parte acusadora e do Ministério Público; mas todos os que sentem humanamente, vêem nisso o raio irizado de uma forma simpática de fraternidade humana, pois que é obrigação nossa fazer sentir o menos possível o jugo moral da sua servidão, aos humildes, àquelas infelizes criaturas que têm de servir os outros, como até aos descrentes ensinava, pelas aldeias da Palestina, o filho do carpinteiro de Nazaré.

E é por isso que Augusto Murri é bom para os criados, e que a sua filha aqui pôde trazer os servos — como se designam, com um sabor ainda medieval, os criados — que nos grandes tempos do mundo romano faziam parte da família, porque os *famuli* eram uma parte integrante da *famili*. E não só Vittoria Fancini, porque era confidente de Linda, mas também a jovem e ingênua camponesa Helena Garagnani, aqui veio chorando, e disse-vos que "quando a minha senhora me escreveu, fiquei tão contente como se me saísse a sorte grande". E a alemã, que saiu do sol ridente da Itália para as brumas do Norte, passados três anos, dá à filha nascida das suas entranhas o nome de Linda, "como lembrança de Linda, daquela boa senhora", que terá (e veremos, talvez, que em um parêntesis fulminante) lacunas no seu espírito, que a conduziram à desventura de aqui se sentar, mas que deixa atrás de si um rasto piedoso e simpático, junto dessas criaturas humildes que ela humana e docemente tratou — ela que passou a sua vida no sofrimento e na dor!

"Nunca disse mal da religião" o professor Augusto Murri: porque ele sabe como é o espírito do racionalista moderno, plasmado de pensamento, que é a difícil conquista de todos os dias, na luta contra o ignoto.

Nós, homens modernos, criados no racionalismo, podemos combater, abertamente, que a religião seja instrumento de política ou de polêmica judiciária, mas respeitamos em toda a gente o sentimento religioso porque esse sentimento é o único auxílio que o espírito humano, quando não atinge os cumes altíssimos da ciência, encontra e sente dentro de si, nas dificuldades e azares da vida. E nós, racionalistas, julgamos ser uma obra sacrílega tirar à infeliz mãe, que vê o filho agonizante, a derradeira ilusão, de que, depois da morte, poderá tornar a ver o seu anjinho no reino dos céus.

É esse o racionalismo de Augusto Murri, que tem a maior tolerância, tanto para os humildes trabalhadores domésticos quanto pela personalidade dos seus filhos, cuja educação, como disse o professor Silvagni, pensava que poderia obter-se pela persuasão e pelo afeto, melhor do que pelo fácil método tradicional da imposição autoritária, que, na maioria dos casos, provoca, no espírito nascente das crianças, a dúplice reação da hipocrisia ou da revolta.

E para demonstrar que nunca era profanado o respeito pelas suas personalidades, diz a testemunha Crovato, na rogatória de Pádua, que o professor Augusto Murri lhe confiara, depois de 25 anos de estudo e de raciocínio: "tive de deixar aos meus filhos a autonomia da sua existência".

É esse o respeito pela personalidade humana que o racionalista Augusto Murri leva para o sacrário da sua família: e apesar disto, mesmo até ao início deste julgamento, houve magistrados — que, contudo, são homens — que incluíram entre os *considerandos* preliminares da tragédia da rua Manzini, o racionalismo do pai como causa incitadora da delinqüência dos filhos!

É certo que podemos encontrar essa errada tese em Bourget, que no *Discípulo*, quando fala do rapaz que leva a amante a suicidar-se, mas tem a velhacaria de não se matar a si e vem parar ao Tribunal, sustenta que esse procedimento é a conseqüência das doutrinas científicas do seu professor.

Religião e moralidade

No processo Murri tem-se discutido e escrito muito acerca das relações entre a descrença dos pais e a moralidade dos filhos.

Mas a verdade é que a experiência cotidiana demonstra, pelo contrário, que o sentimento e a honestidade moral de cada um de nós é inteiramente independente das crenças religiosas.

O sentimento religioso, em quem tem um espírito reto e honesto, acrescenta uma nova força para se conservar no bom caminho, sob o temor da sanção eterna. Mas se um homem não possui retidão de sentimentos, as suas crenças religiosas, mesmo sinceras, não substituem a falta de honestidade. Por isso, todos os dias encontramos ateus honestos e desonestos, e crentes patifes e respeitáveis, o que demonstra, por conseguinte, que a crença pode ser um auxílio para o homem fundamentalmente honesto, mas não é uma força moral que possa suprir a falta de senso moral. E se o processo Murri não tivesse atraído demasiadamente sobre si toda a atenção pública, antes deste julgamento, o público teria podido obter a confirmação do que acabo de dizer, lendo nos jornais a pasmosa notícia da prisão do filho do falecido ministro Rosano, sob a acusação de um crime infamante. Ora, toda a gente deve lembrar-se de que Rosano era conhecido, não só nas suas províncias meridionais, mas em toda a Itália, pelo fervor da sua fé religiosa. Pois bem: que culpa pode ter a religiosidade de Pietro Rosano, de um filho ter caído sob a alçada da justiça penal?

Temos de nos convencer, portanto, de que o senso moral é a íntima atitude fundamental do espírito humano, que rege os destinos dos homens, ao passo que as crenças e o sentimento religioso não passam de uma eflorescência que germina nesse terreno, e dará flores perfumadas se o terreno for moral e honesto, e dará flores venenosas, quando acompanhados de tendências desonestas, como aquelas que o próprio Ministério Público recordou, a propósito dos bandidos que mandam acender lâmpadas nas igrejas e levam consigo as imagens dos seus santos, para serem ajudados nas suas empresas criminosas.

E assim se vai aclarando aos nossos olhos esse primeiro aspecto da personalidade de Tullio Murri. Tullio Murri cresceu em um ambiente de moralidade austera; e cresceu, por sinal, em tal ambiente que, como veremos a propósito do seu temperamento, a parte intelectual pode, nele, ser, como já seu pai dizia ao próprio bispo Bonomelli, desprovida de "senso prático", mas a parte moral e sentimental, segundo o testemunho incontestável do perito da acusação doutor Ellero, é formada por sentimentos bons e honestos.

A nós basta-nos só a afirmação, documentada com as provas trazidas a esse julgamento, de que Augusto Murri vive, há três anos, torturado por uma dor inenarrável, mas ninguém pode exigir que, no espírito de Augusto Murri, possa haver, sob qualquer aspecto, uma vibração de remorso pelo método de educação empregado com os filhos. Aquele Augusto Murri, cujos alunos aqui desfilaram diante de nós, na serenidade diamantina das suas inteligências e na serenidade honesta das suas consciências: *"Nós devemos ao Mestre a melhor parte do nosso espírito"*, dizia a testemunha professor Vencini: e é esta, realmente, a verdade, que brota, viva e poderosa, deste julgamento. Aquele Augusto Murri que, pelas suas convicções políticas, por duas vezes recusou a oferta de um lugar no Senado, mas que Bolonha quer como cidadão honorário, e é, agora, pela decisão da Câmara de Conselho, ainda suspeitado de cumplicidade com os assassinos. Aquele Augusto Murri, que há trinta anos vem dando à família, à cátedra e à humanidade, o melhor sangue do seu espírito; o médico que reúne em si a coragem do sábio com o coração do humanitário, e a quem por nosso país deve um incontestável reconhecimento.

E o que faz pelos estranhos, havemos de querer que o não faça pela carne da sua carne?

Pretenderão dizer que Tullio Murri foi arrastado para o inferno dessa tragédia porque na família não teve o freio salutar de uma educação que tivesse por fundamento a moralidade e a retidão?

Mas o homicídio deu-se!

Se isso é incontestável, fica, contudo, de pé, o fato material: Tullio Murri matou o conde Bonmartini.

Os senhores jurados devem compreender que, ao tratar dessa parte da responsabilidade de Tullio Murri, não posso ocupar-me do segundo quesito que lhes será apresentado, sobre a legítima defesa e o *excesso de legítima defesa*, pois esses quesitos são uma conseqüência da tessitura dos fatos materiais, do modo como se desenrolou a cena lutuosa — que o meu amigo Palberti já descreveu e eu não posso estar a repetir-lhes —, e os colegas que falarão depois de mim hão de confirmá-lo pela análise das provas produzidas e dos indícios que se referem à participação de Tullio Murri.

Eu, pela minha parte, devo ocupar-me daquele aspecto que dimana do seu temperamento físico e moral. Cada um de nós deve o seu próprio destino, não só às circunstâncias da vida e ao ambiente familiar, mas também às tendências congênitas, sobre as quais pesa a hereditariedade dos antepassados: aquela hereditariedade que a parte acusadora, não sei com que razão, revelou, na altura dos interrogatórios de Tullio Murri, como uma espécie de defesa pré-constituída, como se ele pudesse modificar a realidade das doenças nervosas e mentais encontradas nos seus parentes.

A hereditariedade neuropática em diversos componentes da família Murri, foi confirmada por depoimentos e por atestados de manicômios e de casas de saúde.

A hereditariedade natural

E, de resto, já o grande Dante tinha, genialmente, descoberto essa verdade, quando disse que "raras vezes ressurge nos ramos humana probidade". Quantas vezes não temos observado que um membro de certa família possui uma mentalidade extraordinária, enquanto os restantes são privados dela? Na casa Murri, a centelha luminosa do gênio de Augusto Murri está ao lado da impulsividade de Alceste ou dos outros membros da mesma família, e Tullio que, pela parte do pai, tem nas veias o sangue dessa família, não pode fugir a esse destino. E só assim pode explicar-se que Tullio Murri, a quem o perito da acusação doutor Ellero chama: "não criminoso, mas bom e generoso", tenha podido matar um homem. Mas só assim poderá medir-se, com humana justiça, a responsabilidade de Tullio Murri.

Essa lei da hereditariedade natural, de que até na Bíblia se fala, foi documentada por Jacobi, na história luminosa dos séculos, como uma grande niveladora da espécie humana: parece que a natureza não quer o monopólio das formas excepcionais e excelsas da espécie humana e, por isso, todas as dinastias, tanto do poder, como da nobreza, da riqueza ou da inteligência, trazem em si a sanção inexorável das formas de degeneração, de debilidade orgânica e de esterilidade. Por isso, diz Jacobi, "o viveiro da vida comum chama para dentro de si as figuras excepcionais dos homens de gênio, dos potentados, dos artistas e de quantos se elevam demasiadamente ao de cima do nível geral". O homem de gênio não deixa de ser um homem, e tem, por isso, no sangue, a sua descendência hereditária, com todas as fraquezas da espécie humana.

É certo que existem peixes voadores, os quais têm a possibilidade de se agitar e dar um salto para fora da água do oceano, mas têm de, rapidamente, voltar para a água, porque é esse o destino da sua espécie. O homem de gênio é como um peixe voador, que se eleva por algum tempo acima do nível da média intelectual comum, mas a força niveladora da natureza empurra a descendência para a baixeza comum da comum vida humana.

Uma carta de Tullio Murri

Foi o que aconteceu com Tullio. Surpreendemos aqui um lampejo da sua inteligência, naquela carta escrita cinco ou seis anos antes do crime e que vale como simpática manifestação de uma personalidade, que não pode ser a de um assassino perverso. Porque, senhores jurados, o vinagre não tem a espuma do vinho generoso e a criminalidade perversa não tem dentro si o despontar do instinto de benevolência humana, não pode ditar cartas alegres, cheias de bom humor e de bondade, como as que aqui ouvimos ler, escritas por Tullio Murri.

Mas Tullio tem a infelicidade de possuir um temperamento intelectual precisamente oposto ao de seu pai: é um imaginativo, pertence a uma das duas grandes categorias do engenho humano, que a psicologia e a pedagogia moderna têm classificado.

Basta ler a carta escrita por Tullio a Linda, em junho de 1898, isto é, em uma época evidentemente insuspeita. Nessa longa carta, que aqui foi lida e que é um documento profundamente humano, que — como já fez notar a imprensa — revela a verdade acerca do temperamento de Tullio Murri, melhor do que cem depoimentos, do que cem declarações, nessa carta, além do mais, Tullio faz essa confissão: "Para mim, a poesia é uma coisa divinamente bela; basta-me ler dez oitavas do Ariosto para me pôr no estado mórbido de orgasmo que há pouco te descrevi, e então não posso continuar a escrever, porque fico imensamente excitado".

É esse o caráter de Tullio Murri, sob o aspecto mental: pelo engenho é imaginativo, assim como pelo sentimento é bom e generoso. É um imaginativo, no sentido preciso da palavra, que as experiências e estudos da pedagogia contemporânea, graças, especialmente, a Binet, puseram perfeitamente a claro.

Binet preocupou-se, sobretudo, com o fenômeno de, no nosso país, as escolas constituírem mais um tormento e um esgotamento para os nossos filhos, do que a sua preparação para as necessidades da vida. Tanto nas escolas primárias quanto nas secundárias, os nossos filhos são sobrecarregados com uma imensidade de conhecimentos que não conseguem digerir e que, à saída da escola, lhes não servem para vencer, por meio de uma atividade honesta, na luta pela existência. Na Alemanha, na Inglaterra, na América, a escola é, verdadeiramente, uma preparadora para as batalhas vitoriosas da vida, e as escolas profissionais e agrárias, as escolas comerciais, dão às novas gerações daqueles grandes países um poder de expansão e de conquista do mundo, muito maior e mais fecundo do que as conquistas sangrentas da guerra.

Os imaginativos e os positivos

Na Itália e na França, pelo contrário, a escola corresponde menos às realidades da vida. Não digo que ela não deva cultivar também a fantasia, a estética e o sentido da nossa gloriosa civilização histórica e clássica, mas digo que, na hodierna civilização, as exigências da luta pela vida consentem, ainda muito menos que nos séculos passados, o triunfo do individualismo fantasioso e romântico.

Assim, Tullio Murri, como aqui disse o professor Rovighi, quando era criança, entusiasmava-se com os feitos heróicos da História Romana: mas, ao sair da Universidade, procurou logo obter a guarida burocrática de um emprego público porque lhe faltavam a energia e a elasticidade necessárias para conquistar um lugar ao sol, com uma nobre, livre e arriscada atividade prática e positiva.

Binet procedeu a um inquérito experimental nas escolas secundárias da França, examinando milhares e milhares de alunos, segundo um método muito simples, que deu como resultado distinguir os homens em dois tipos bem diferentes: o imaginativo artístico e o positivo, técnico-científico ou realista.

Para isso, Binet obteve do governo autorização para percorrer todas as escolas e proceder aos exames e experiências necessários: punha sobre a mesa um objeto de uso comum, uma moeda, um pedaço de pão, um cigarro, um jornal, uma flor, ou coisa parecida, e dava cinco minutos a todos para descreverem esse objeto. Recolheu, assim, milhares e milhares desses exercícios escolares improvisados e viu que eles se classificavam, decisivamente, inevitavelmente, em duas categorias.

Por exemplo, para o cigarro, as descrições de um dos tipos repetiam-se por essa forma: "O cigarro! (*Ponto de Exclamação.*) Ah, entre as volutas azuis do seu fumo, que fantasmas me chamam? — e que esperanças, etc.". E esqueciam-se de dizer o que é um cigarro. Eram dos estudantes de espírito imaginativo e idealista.

Pelo contrário, os de temperamento realista, diziam: "O cigarro é um tubo de papel com 5 a 6 centímetros de comprimento, cheio de tabaco, que se acende em uma das extremidades e se fuma pela outra". E mais nada.

É essa a diferença entre os dois tipos intelectuais dos homens e é isso que, na família e na escola, cada um de nós deve ter presente, porque o sensato e o positivo verá o mundo pelo seu lado concreto, especialmente na vida moderna, em que as oitavas de Ariosto constituem fracos instrumentos para a concorrência na vida, e o imaginativo, o esteta, terá, pelo contrário, uma exuberância mais ou menos "falha de critério", no sentido das exigências práticas da vida.

É a esse último tipo mental que, evidentemente, pertence Tullio Murri.

A esse temperamento fantasista do artista e do literato, junta Tullio Murri aquelas manifestações de exuberância sexual, que constituem, precisamente, uma característica dos temperamentos artísticos. O amor quer no seu aspecto sentimental, quer no seu aspecto fisiológico, é muito mais exuberante no temperamento do artista e do imaginativo, do que no temperamento do sábio e do filósofo. E é essa, também, uma das características da personalidade de Tullio Murri, em face da qual devemos considerar que, pelo lado sentimental, ele — que não tem o critério positivo da vida, e, como veremos o seu ato em 28 de agosto, demonstra isso mesmo — é um bondoso, uma figura que, uma vez conhecida, em ninguém poderá produzir a repulsa da antipatia, mas, pelo contrário, despertará o sentimento da compaixão e da piedade.

Os adjetivos acusatórios do M. P.

É essa a verdadeira figura de Tullio Murri, de acordo com os resultados efetivos, incontestáveis, do julgamento público: ao passo que na instrução nada disso foi averiguado, ou foi ignorado. Por isso, o representante do Ministério Público repetiu, diante de nós todos, o retrato de Tullio Murri que a instrução havia esboçado.

O Ministério Público — foi talvez a única ocasião em que isso lhe aconteceu — esqueceu-se completamente do que ocorreu neste julgamento: repetiu a história de Tullio Murri tal como resulta da análise da instrução escrita, mas não disse uma única palavra acerca do que se passou neste julgamento e que modificou os resultados da instrução secreta.

Vejamos quais os fundamentos verídicos que têm os qualificativos morais, que o Ministério Público deu a Tullio Murri. Devem recordar-se de que o M. P. disse que Tullio Murri é uma *figura ignóbil de "miles gloriosus" e prepotente* — e apresentou como prova a carta, realmente violenta, que Tullio Murri escrevera a Rusconi, depois desta se ter recusado a retribuir uma visita de Linda Murri.

Mas aproveitar essa carta, unicamente para testemunhar a prepotência de um momento, sem pensar no móbil desse fato e sem tomar em consideração, por exemplo, que essa carta, dirigida a uma condessa, foi enviada em um envelope comercial para poder chegar às mãos da pessoa a quem era destinada, equivale a só ver a superficialidade das coisas e a fazer psicologia, não só barata, mas muito deficiente.

Essa mesma carta, melhor considerada, em relação à personalidade de Tullio Murri, só serve, pelo contrário, para confirmar que, através dos seus excessos, ele conserva sempre um afeto avassalador pela irmã, que voltaremos a encontrar como impulsionador subterrâneo e profundo do fato criminoso que veio a praticar.

Por isso, quando o M. P. lhe chama *miles gloriosus*, porque desafia para um duelo Gentili e depois aceita explicações, o que, segundo o Ministério Público, demonstraria a sua *prepotência mesclada de covardia*, o M. P. mais uma vez se esquece da explicação humana do procedimento de Tullio Murri. Esse desafiou o outro para um duelo, em virtude da impetuosidade do seu caráter... e depois aceitou a composição porque se encontrava sob o jugo moral da veneração paterna, daquele pai de moralidade austera, que apenas soube do desafio para o duelo e se recusou a receber o filho e durante três meses o não cumprimentou.

Por isso, quando Tullio tem de voltar para a Alemanha, escreve de Mônaco à irmã que "levava cravado na alma o espinho venenoso desse tratamento do pai". Veneração e respeito pelo pai, que é, portanto, uma razão desculpável, e não pode, decerto, invocar-se como prova de que Tullio Murri fosse *miles gloriosus e prepotente*.

E o Ministério Público ainda lhe chamou violento, no sentido antipático da palavra, por dizer em uma carta para Attílio Rossi: "Se pudesse atribuir a alguém as culpas da infelicidade da minha irmã, cometeria um crime ainda hoje".

Mas, mais uma vez, o que se manifesta, vivo e irresistível, o motor e o único orgulho daquele espírito, é o afeto pela irmã. Linda estava, então, doente dos olhos e adquirira essa doença na Sicília, por um infortúnio de que ninguém tivera culpa. Aquela carta é, portanto e como sempre, a manifestação irreprimível do seu afeto pela irmã.

"A Obra", de Emílio Zola

Tullio Murri tem um temperamento imaginativo, que dá uma forma exagerada ou humorística aos seus sentimentos, conforme as reações do momento: mas é, porém, piedoso e humano e não ignóbil. *Depravado*, chama-lhe o M. P., porque em uma outra carta escreve que "está tão farto da vida, que lhe apetece roubar para passar alguns meses na prisão"; pois bem, pondo, também aqui, de parte a questão da forma, mais ou menos literária e fantasista, como não viu o M. P. que essa frase se encontrava em uma daquelas duas cartas escritas ao dr. Delpiano em 1900, que são como que uma explicação do espírito de Tullio Murri e nas quais ele se lamenta para o amigo e lhe mostra o seu descontentamento pela existência que leva e que não chega a concretizar-se em uma finalidade precisa e fecunda em bons resultados? Se o M. P. se tivesse recordado de *A Obra*, de Emílio Zola, poderia ter pensado que, pelo seu temperamento fantasista e pela inconstância das suas resoluções, sem conclusão prática, Tullio Murri se assemelha ao pintor Lantier, que, em resultado de tara hereditária, tem uma vontade instável ou inepta, em contraste com as suas aspirações estéticas.

Em Tullio Murri, essa personalidade instável e pouco concludente resulta, também, dos excessos sexuais, pelos quais o pai o censura asperamente, por malbaratar assim "as melhores energias da espécie". Mas o tipo é, exatamente, o descrito por Emílio Zola.

Nem por isso, porém, se poderá dizer, com o M. P., que Tullio Murri é um *ocioso*, pois concluiu dois cursos, o de letras e o de direito, escreveu dois poemetos e preparava-se para o ensino livre. É certo, contudo, como disse o pai, que ele ainda não soube encontrar (como referiu a testemunha professor Rovighi) um caminho que possa seguir em condições que representem uma utilização nobre e fecunda da sua existência.

Um documento humano

Mas, reparem os senhores jurados que a expressão pessimista desse homem é o indício da luta interior que nele se trava entre o ideal que lhe brilha no cérebro e no coração e a realidade fria, gelada e estéril da sua existência, resultado inconcludente da fraqueza de vontade e da incapacidade para o trabalho metódico. Só se entrega ao pessimismo e àquela expressão de escárnio ou de ceticismo, pela impaciência dolorosa de não conseguir realizar um ideal superior, e mais nobre, na sua existência. Leiam a carta de Tullio ao seu amigo Delpiano, de 6 de abril de 1900: "Não me sinto com vontade para fazer nada; o estudo aborrece-me e esgota-me. No infinito torpor moral e intelectual em que vivo todo o dia, não me sorri a idéia de uma emoção qualquer que não me exija menor esforço. Necessito de sentir o prazer moral de *ganhar a minha vida: será esse o remédio* para todos os meus males".

Era esse o pessimismo de Tullio Murri; filho de um homem rico, de um homem prestigioso, não sente o espinho da miséria, ou da necessidade econômica, a espicaçá-lo para ingressar em uma carreira que lhe sirva de fonte imediata de um ganho honesto, mas dispersa-se e oscila em veleidades e propósitos vários, como oscila e ondula tida a sua personalidade, que passa dos píncaros da excitação intelectual ou sexual, para o barato e o pântano do torpor mental e fisiológico.

E Tullio continua: "Todos os dias, quando à noite saio da sala de bilhar ou do café, dou punhadas na cabeça, despeitado por ter perdido estupidamente um dia inteiro... e depois, todos os dias recomeço a mesma vida: não é o *senso moral* que me falta, é a força de vontade". É o retrato fiel dele próprio: a Tullio Murri não falta o senso moral, mas falta-lhe aquela força equilibrada da vontade, com a qual o montanhês solitário consegue atingir, passo a passo, os píncaros mais altos da montanha, enquanto aqueles que principiam em uma desenfreada corrida, depressa cansam e a meio do caminho, ou até antes, têm de parar.

E continua Tullio Murri nas suas confidências para o amigo: "Se conseguir encontrar uma ocupação, que implique para mim um dever imediato, cotidiano, ressurgirei da morte para a vida". Não se pode dizer que esse documento seja pouco de atender: é, pelo contrário, digno da maior credibilidade, pois foi escrito alguns anos antes do crime, em época insuspeita, ao amigo querido, em uma manifestação sincera de sentimentos a que o M. P. só soube apor o adjetivo *hipócrita* — que foi o *leit-motif* dessa causa.

Portanto, segundo afirmou o Ministério Público, Tullio Murri, além de *miles gloriosus*, depravado e ocioso, é, também, um hipócrita.

Dois tipos de homem

Essa causa está saturada das palavras *simulação* e *hipocrisia*, e eu penso que essa saturação não é mais que o efeito natural do temperamento especial dos dois acusados: Tullio e Linda Murri.

Ambos têm, indubitavelmente, uma têmpera mental diferente da comum; em ambos, e especialmente em Linda, reflete-se o pensamento superior, raciocinador e disciplinado do pai glorioso.

Como ensina a experiência cotidiana, mesmo fora dos Tribunais criminais, podemos dividir os homens em duas categorias, entre as quais se escalona uma grande variedade de tipos intermédios, como acontece com todas as classificações dos fatos naturais.

De um lado, o expansivo, jovial e simples, que é sincero nas mani festações do seu espírito, o bom companheiro, o alegre amigo do grupo, que, se lhe falta o senso moral, será o parasita da mesa do rico, como era o bobo da mesa do príncipe medieval, e que alegrará, com seu espírito espumante e humorístico, o mau humor do anfitrião ou do amigo.

Do outro lado, o homem frio, compassado, comedido, boa pessoa, que todos os dias cumpre as suas obrigações, mas vive absorto nos deveres da família ou nas altas meditações da ciência e do pensamento investigador: nessas criaturas, em quem a inteligência se hipertrofia e se exagera, e que são chamadas "cerebrais", é natural uma certa reserva digna, uma falta de expansividade.

O fato de Linda Murri não voltar a chorar, nem a carpir-se, desde que entrou na prisão, prova, pelo contrário, a sua sinceridade, demonstra que não é uma simuladora; porque, se quisesse influenciar o espírito dos julgadores, teria podido, como costumam fazer todas as outras mulheres, chorar com lágrimas mais ou menos sinceras. Mas o seu temperamento intelectual, que é o reflexo do cérebro paterno, comedido e recolhido, mantém-na nessa reserva digna e fria, que não cede nem à evidente utilidade de um procedimento diferente, nesses terríveis e confrangedores momentos da sua vida.

É fácil dizer: "simulador, simuladora!", e, sobretudo, quando se está prevenido nesse sentido... e todos os que se encontram naquele lugar de dor e de infâmia, não podem deixar de ter contra si uma atmosfera de prevenções.

É fácil interpretar qualquer gesto, qualquer palavra, qualquer atitude, como uma prova de hipocrisia e de simulação. Mas se interrogarmos, serenamente, a experiência da nossa vida cotidiana, veremos que esse gesto, essa palavra ou essa atitude são sinceros, porque provém da sua personalidade física e moral.

Tullio Murri tem demonstrado, em muitos dos seus atos, ter o tipo oposto ao do hipócrita: é tão pouco hipócrita, que o cunhado lhe tem aversão pela sua franca e clara expressão de escassa simpatia. O hipócrita, pelo contrário, simula e dissimula, atrai o afeto dos outros com os seus modos falhos de sinceridade, não se mostra tal qual é.

Tullio Murri vai a Veneza, em 14 de agosto (em seguida à correspondência que adiante estudaremos), para restabelecer a paz entre a família paterna e a nova família, e não fala sequer no lugar de assistente universitário que o cunhado desejava vivamente. Se fosse um hipócrita, teria dito ao Bonmartini aquelas palavras que "prometem muito e não dão nada", de que fala Dante.

Tullio Murri, em toda a sua existência, sempre afrontou os seus adversários de viseira descoberta, e quando o tio Ricardo se apresenta como candidato nas eleições, recusa-se a fazer propaganda do seu nome, pois pertence a outro partido. E Gentili, o seu adversário, o diretor do jornal de Bolonha, veio aqui dizer que quando ele, Gentili, desafiou os socialistas de Bolonha, de todos eles só um apareceu: Tullio Murri.

E Tullio assume toda a responsabilidade, até daquilo que não fizera, a ponto de, no jornal, o adversário escrever: "Eis um homem!".

São esses os fatos da causa e não espirituosas invenções da minha fantasia: como pode, então, o Ministério Público sustentar o adjetivo *hipócrita*, se não como expressão verbal gratuita, que não corresponde à realidade, e não pode, por isso, radicar-se na vossa consciência?

Com o vício do jogo, acrescenta o Ministério Público, a respeito de Tullio Murri; do jogo, sim, confessou-o Tullio, mas não do jogo de azar ou do ignóbil jogo de enganos: o jogo leal e honesto do bilhar. É o que se conclui da carta para Delpiano. — Mas do café, vai para Monte Carlo. É verdade. Mas é o imaginativo quem vai, porque diz ter descoberto um sistema para desbancar Monte Carlo, e escreve à irmã: "Sim, perco, mas o meu sistema continua a ser bom!": um imaginativo que vai bater com a cabeça em uma parede, unicamente porque o seu cérebro não sente a disciplina severa e orientadora da realidade positiva. É ele próprio quem o reconhece na carta para Delpiano: "Não sei o que tenho, mas enquanto me consumo no desejo de fazer e de concluir, os dias passam sem concluir nada de sério e essas contínuas desilusões deixam-me, a maior parte dos dias, cansado e sem forças".

É a sincera expressão da sua índole, que Emílio Zola, na *Obra*, representa na figura de Lantier, o pintor paralisado e exausto pelo contraste entre os seus ideais de fecundidade artística e a realidade das suas tentativas inúteis.

Os excessos sexuais

E esse tipo, mais freqüente do que pode julgar-se especialmente nos países meridionais da Europa, é o produto de uma causa que, a propósito de Tullio Murri, neste julgamento fez notar a testemunha Raul Natali, quando disse, em uma frase característica, que Tullio "tinha uma exuberância sexual de proporções sobrenaturais".

Ora, é essa, na minha opinião, a explicação de muitas manifestações de Tullio Murri, como também das de muitos jovens universitários, que eu vejo e observo há tantos anos. A natureza odeia os excessos: e os sexuais são, para os povos meridionais, um perigo permanente.

O excesso sexual, ao mesmo tempo que excita a fantasia (e, por isso, agrada aos artistas), enfraquece o organismo, em conseqüência do contínuo erotismo nervoso, que produz aquilo a que os médicos chamam "fraqueza irritável".

E eu já tinha verificado, no campo da criminalidade, aquilo que Guglielmo Ferrero verificou, para a vida social em geral e para a vida individual, quando, na *Europa Giovane*, pôs em destaque o forte e cotidiano contraste entre a juventude dos países latinos e a do norte da Europa, a respeito de tendências eróticas e sexuais, como eu verifiquei que o crime, em vez de ser, como vulgarmente se pensa, a expressão de uma vontade mais forte que a comum, é, pelo contrário, o resultado de uma vontade fraca, desigual, facilmente irritável, sem freios inibitórios (em grande parte por efeito dos excessos sexuais), que dá a esses seres anormais o estigma da impulsividade.

Também, porém, nesse terreno, se pode pensar que Tullio Murri era um excessivo; mas, de todas as testemunhas que aqui vieram depor, não houve uma única que, em matéria de relações sexuais, pudesse apontar, contra Tulio Murri, um fato abjeto, desonroso, antipático. Ah! Falou-se nos seus "amores com as criadas". Mas isso, em todas as cidades, sedes de universidade, é um fenômeno vulgar na segunda aurora da vida humana, em que o estudante universitário consegue resolver o problema erótico mais facilmente do que o problema de Euclides, conciliando, nos fáceis amores com as criadas, as restrições econômicas com a sua exuberância fisiológica.

A esse propósito, a testemunha professor Novi quis acrescentar a nota médico-clínica do "cheiro a cozinha", que, na sua opinião, solicita o sentido erótico, esquecendo-se de que uma das páginas maravilhosas de Emílio Zola, é aquela em que descreve o "*odor di femina*", na *Naná*, e revela que cada mulher, para o amador, tem um eflúvio especial do seu corpo, que os perfumes artificiais podem dissimular ou acentuar, mas que é a razão decisiva de certos misteriosos vínculos, eróticos entre o macho e a fêmea, a que, de resto, estão sujeitas todas as espécies animais.

Tudo isso, porém, não pode ser razão de antipatia ou de repulsa por Tullio Murri, pois que nenhum ato — nem ao menos uma suspeita —, de corrupção ou de violência carnal, se lhe pode imputar, sendo de notar que essa matéria constitui um terrível plano inclinado, que pode fazer despenhar-se quem não tenha uma têmpera moral profundamente sólida e honesta.

Vaidoso e *trocista*, disse ainda o Ministérios Público; *vaidoso*, porque era diretor de um jornal socialista de Bolonha, era conselheiro provincial e aspirava a ser deputado, e *trocista* porque, sendo "socialista", disse o Ministério Público, "troça dos seus companheiros humildes e modestos".

Reduzamos isto às suas proporções exatas, que constituem uma manifestação da sua personalidade fantasista, com aspectos sardônicos ou céticos, pois é sabido que também o caricaturista ou o ator cômico escondem, no fundo da sua alma, um pouco de bondade, e até de tristeza, que procuram ocultar debaixo dos ouropéis, mais ou menos cintilantes, do humorismo.

Foi de uma carta de Tullio Murri, escrita em 22 de julho de 1901, que o Ministério Público tirou o seguinte: "Passei a noite inteira, em serviço do partido, em uma casa horrível, para tomar o pulso às confusas disposições dos nossos companheiros camponeses".

Foi sobre esse elemento de prova que o Ministério Público julgou poder acrescentar, contra Tullio Murri, um outro adjetivo de desprezo moral.

Mas não acredito que aquelas expressões verbais — que contrastam com o fato de Tullio Murri ter gasto uma noite inteira a realizar um trabalho aborrecido — contenham um sentido de escárnio pelos companheiros camponeses.

É uma simples manifestação de compaixão e, ao mesmo tempo, de humorismo, que não vai além da epiderme. E ninguém poderá dizer que esse homem, que se dedicara inteiramente ao seu partido, dando-lhe toda a sua atividade e conquistando, por isso, a estima de todos, seja um *trocista*, só porque — em um desafogo estético de reação contra a hediondez da casa onde estava — se permite um sorriso acerca dos companheiros humildes e modestos.

Outro elemento dessa opinião do Ministério Público, é uma carta de Tullio para Linda, onde fala nos seus "esforços para convencer os democráticos a serem politicamente honestos". Ora, devo recordar que tal frase alude ao fato de, repelindo as combinações eleitorais dos partidos democráticos, em minoria em Bolonha, onde sempre tiveram grande maioria os outros partidos políticos, Tullio Murri pensa que os democráticos não deviam assumir o poder na administração das comunas. Ele, intransigente, que combatera a união dos partidos populares, queria também que os democráticos se conservassem fiéis à luta eleitoral, e isto é, portanto, um argumento que demonstra que ele não pretendia amesquinhar os outros, porque se tivesse querido proceder no seu interesse e satisfazer a sua ambição pessoal, não teria mais do que defender a união dos partidos populares, que lhe teria dado o triunfo eleitoral, ao passo que, combatendo-a, dividindo as forças democráticas nas suas várias gradações, à satisfação da sua consciência não correspondia a compensação imediata de uma ambição satisfeita.

Como as testemunhas descreveram Tullio Murri

É por isso que a conclusão do Ministério Público — de que Tullio não tem senso moral — me parece completamente destituída de qualquer fundamento nos diversos elementos de prova. Tivemos, até, provas absolutamente em contrário; obtivemos a prova de que todos reconheciam que Tullio Murri era e é um homem bom, generoso, caridoso, muito afeiçoado à família, com um grande coração, apesar de facilmente se encolerizar, incapaz de ódio, impulsivo, mas de uma impulsividade quase infantil, como, de resto, revela a sua própria voz, branda e sincera, da qual ouvimos descrever a gradação de vibrações.

É inútil recordar a série de testemunhas que vieram dizer a mesma coisa acerca de Tullio Murri: mas recordarei só que, quanto à generosidade de Tullio, existem documentos no volume IX (folhas 66 e 69): são os resumos das operações bancárias de Tullio Murri no Banco Popular, na Caixa Econômica e no Banco Cooperativo de Bolonha: são 43 vencimentos no Banco Popular, 13 na Caixa Econômica e 54 no Banco Cooperativo. Em três anos, 110 operações bancárias, em todas as quais Tullio Murri é avalista em benefício dos amigos, que são os verdadeiros devedores.

Está, portanto, aqui documentada a generosidade desse homem, que nas condições em que se encontrava, em virtude da austeridade do pai, não tinha muito dinheiro à sua disposição!

E pelo exame dos referidos documentos, verifica-se que, em 22 de maio de 1902, houve um vencimento de 3.000 liras e em 22 de agosto um outro de 2.600. Por aqueles documentos de Bolonha se demonstra quais eram as razões financeiras do comportamento de Tullio Murri, em que voltarei a falar, quando tratar da parte específica da sua responsabilidade.

Mas, porque essa causa está sob a proteção dos seus acusadores, a parte e o Ministério Público trouxeram aqui uma série numerosa de testemunhas: todas foram ouvidas. Pergunto: houve uma só testemunha, da parte ou do Ministério Público, que tenha tido a coragem de dizer: "Tullio Murri é um perverso, um corrupto"? Nenhuma. Trouxeram aquela Zardi, que aqui veio dizer que Tullio maltratava a mãe, mas por tal forma o disse, que todos aqueles que vieram depois, íntimos da família Murri, deram o mais formal desmentido àquela voz solitária, da qual não sei quais possam ser os recônditos móbiles de ressentimento.

Mas há ainda mais! Entre as testemunhas da parte acusadora, veio o advogado Pigozzi, que disse ter conhecido Tullio Murri na Comissão para as homenagens ao professor Regnoli e que dele só pode dizer bem; o doutor Noriozzi, indicado pelo M. P., foi em 22 de março interrogado pelo Presidente, que obteve essa resposta: "Tullio é bom rapaz, mas de caráter impulsivo". E Gentili, o adversário enfurecido da família Murri, teve de reconhecer que "nas lutas políticas, Tullio foi sempre leal e generoso"; e a testemunha Carli concluiu o seu depoimento, dizendo: "Tullio Murri tem um caráter bondosíssimo"; e o mesmo disse Marescalchi.

E o juiz instrutor registrou a atestação de G. B. Valvassori, de que os *pequenos gostavam imenso do tio Nino*: pequeno ensaio de psicologia infantil a respeito da bondade de Tullio, pois que as crianças não sentem o freio das conveniências sociais e exprimem, abertamente, a sua simpatia ou antipatia por quem delas se aproxima.

E, finalmente, a Polícia, no volume IV, folha 139, conclui a informação sobre Tullio, dizendo: "goza da estima pública, pelo que foi eleito conselheiro provincial".

Manifestações de uma alma generosa

Por outro lado, neste julgamento, além dessas atestações da generosidade de Tullio, que resumem a opinião de pessoas honestas e dignas de fé, obteve-se a prova de fato daquela generosidade, daquele altruísmo, daquele amor do próximo, que é o primeiro fundamento da virtude humana, segundo a doutrina de Jesus.

Ouvimos afirmar aqui que Tullio Murri, em certa ocasião, se lançou sozinho contra uma multidão de manifestantes hostis, em defesa do pai: é o afeto filial que o impele, o móbil centuplica-lhe as forças, mas é um móbil nobre, digno de admiração. De uma outra vez, como vimos, colocou-se diante do cano da espingarda apontada pelo tio: o Ministério Público quis lançar sobre esse gesto o ácido corrosivo do ridículo, dizendo: "diante de uma espingarda descarregada", porque Marchetti — *Cicero pro domo sua* — interrogado aqui, disse: "espingarda sim, mas descarregada". Nesse tempo sustentou-se, porém, que ele apontara à mulher uma espingarda em condições de lhe dar a morte. Seja, porém, como for, Tullio não o sabia e só agiu por generoso sentimento altruísta. E esse gesto de um rapaz, que se coloca diante de uma pobre mulher ameaçada, é um relâmpago que ilumina as profundidades de um caráter humano.

Ouvimos, também, à testemunha Mentacci e a outras, que Tullio Murri, nos banhos de Rimini, socorreu uma criatura que estava a afogar-se, lançando-se à água e salvando-a, e à Friedsteiner diziam os sobrinhitos de Tullio, no exagero das suas almas infantis, que ele *recebera uma medalha por isso*, porque, na psicologia infantil e até na vida social, a medalha é o sinal que exterioriza a excelência da alma, é o símbolo material, que impressiona os espíritos ingênuos, como o ícone sagrado dá um fundamento concreto à fé ideal.

Uma vez, por equívoco, Tullio Murri investe contra o advogado Amendola, em uma assembléia socialista, porque lhe parece que uma das alusões por ele proferidas é ofensiva para a sua mãe.

Mas, reconhecido o equívoco, é ele, sozinho, que defende o advogado Amendola, atacado por outras razões políticas.

Em 1898, depois das ocorrências de Milão, Tullio Murri é chamado a juízo, por motivos políticos, pelo Procurador Geral de Bolonha. Dois ou três anos depois, esse Procurador Geral é atacado, politicamente, por um grupo de adversários, e a única pessoa que aparece a defendê-lo é Tullio Murri, que dois ou três anos antes fora condenado criminalmente por intervenção, embora, talvez, por dever do cargo, daquele acusador público. Quem resistiria ao ressentimento, se não tivesse uma alma boa e generosa, como a de Tullio Murri?

Por uma mulher enamorada

E o seu procedimento com Rosina Bonetti? Recordo-me da comoção de todos nós, durante o interrogatório de Tullio, quando ele falou de Rosina, preocupando-se, sobretudo, com uma coisa: carregar sobre os seus ombros a cruz dolorosa do martírio, até ao extremo do calvário. Não pensa em si, mas o seu espírito expande-se, por amor altruísta, não só em defesa da irmã, mas também dos infelizes que estão com ele.

A favor de Rosina Bonetti, escreveu a carta de 6 de julho ao Procurador Geral, contra o juiz de instrução, que ameaçara Rosina com trinta anos de prisão; e se, com um sorriso cético, se disser que o fez para salvar os cúmplices, poderemos observar que, na instrução secreta, o juiz instrutor é onipotente, e que um acusado que se atreve a desafiar a cólera, humanamente inevitável, do juiz de instrução, deve ter uma forte consciência altruísta, porque escrevendo ao Procurador Geral, sabe que, vinte e quatro horas depois, o juiz de instrução terá conhecimento da sua denúncia.

E a respeito de Rosina Bonetti, escreve a Delpiano, em março de 1900: "Tinha duas aspirações: a esperança de vir a ser um bom orador, ou um bom literato. Não pude tornar-me um orador porque tenho medo da multidão e porque nunca seria capaz de improvisar; já renunciei a ser um bom literato porque não sinto em mim a necessária e suficiente força para estudar. São, portanto, duas ilusões que desaparecem; oprime-me um encadeamento de coisas *inevitáveis*".

E depois: "Tenho a meu cargo uma mulher que se tomou de amores por mim e a quem amei, mas que não podia compartilhar do meu destino. Agora está doente e não pode trabalhar: mas porque me demonstrou um afeto desinteressado quando era bela e saudável e eu aproveitei esse afeto, o meu senso moral diz-me que não a devo deixar morrer de fome, agora que precisa, está feia e envelhecida. Não posso esquecer o passado e deixá-la sem amparo".

Julguem a expressão desses sentimentos de Tullio por aquela

desgraçada, a quem não sei por que reserva mental, foi dado o epíteto de "cadela", como se essa mulher não tivesse, pelo amor que a redime, o direito à piedade e à compaixão humana.

Leiam as cartas de Tullio para a irmã, e sentirão, ainda, uma expressão do seu afeto pela pobre Rosina: é um afeto instável, mas de uma delicadeza tal, que é verdadeiramente um documento de singeleza e de bondade humana. A carta de 6 de fevereiro de 1899, diz: "Não posso abandoná-la: quis-me muito. Mas também não posso ligar o meu destino ao seu: o que hei de fazer? Ajudá-la. Não posso fazer outra coisa, nas suas condições. Mas ela chora por ter de aceitar o meu auxílio".

As conclusões do perito da acusação

Senhores jurados!

Esta causa debate-se no ambiente miasmático da morte de um homem. Mas quando conhecemos, a respeito de um homem e em época insuspeita, semelhantes manifestações de bondade, não podemos albergar no espírito nenhum sentimento de repulsa. O vosso espírito de pais de família e de cidadãos não pode deixar de reconhecer que nos encontramos mais no reino da desventura, do que nas trevas de uma perversidade malvada, como o Ministério Público afirmou nas suas últimas palavras.

É essa a personalidade de Tullio Murri, que aqui, na nossa presença, daquele banco de dor, por duas vezes invectivou a testemunha de acusação Tisa Borghi, e não em sua defesa, mas em defesa do pai, com aquela energia a que o perito de acusação doutor Ellero, psicólogo e homem sincero e honesto, chamou "comoção autêntica de uma viva, bela e digna dor".

Foi esse o Tullio Murri que o perito Ellero descreveu, e sobre essa descrição versarão as minhas últimas palavras desta audiência da manhã. Porque os senhores jurados já devem ter feito um raciocínio de crítica processual, na discussão desta causa; devem ter notado que os oradores da parte acusadora e o Ministério Público tiveram o cuidado de não falar desse elemento, importante do processo, que é o exame pericial do professor Ellero, o perito psicólogo e psiquiatra indicado pela acusação. Ouvimos aqui falar da "ciência invasora", da "psiquiatria estipendiada". Veremos hoje quais são os resultados que, dessa ciência, podem tirar-se, para definir a responsabilidade de Tullio Murri; por agora, limitar-nos-emos a dizer que Lorenzo Ellero, glória da ciência italiana, que a todos nos deu aqui um espetáculo admirável, não só da estética intelectual do seu pensamento, mas também da retidão da sua consciência de perito, fez o retrato psicológico e moral de Tullio Murri.

Ora, as conclusões fundamentais do exame de Ellero, que não é perito da defesa, são as seguintes: "Tullio teve um desenvolvimento afetivo normal; essa afetividade acentuou-se sempre, mais especialmente na afetividade familiar, sobretudo pela mãe, porque sempre acontece, por alternativa dos sexos, que o pai tem predileção pela filha, e a mãe pelo filho. Gostava imenso da irmã, com quem vivia na intimidade de camarada. A exuberância sexual não chega, em Tullio, à degeneração nem à perversão".

São essas as afirmações conclusivas do perito, Ellero, que constituem uma imagem inatacável da personalidade de Tullio Murri, e que devem servir-vos de critério para decidir essa causa.

Na verdade, em todas as causas judiciárias, há um raio de luz que pode guiar na emaranhada selva dos indícios *pró* e *contra*: a capacidade para delinqüir, que é como a bússola do navegante no oceano da justiça. Disse a parte acusadora, acerca de Naldi e de outros: "Vamos agora ver a capacidade para delinqüir e a causa para delinqüir". Mas a parte acusadora esqueceu-se delas quanto a Tullio Murri porque sabia que o próprio perito Ellero tinha excluído nele a capacidade para delinqüir, devendo, por isso, ser procurada fora da índole má e perversa a explicação dos fatos por ele praticados.

E continua Ellero: "Tullio na amizade é normal, de um modo generoso. Tullio não é um insensível. Na inteligência é um imaginativo. No sentimento é um emotivo".

Devem recordar-se de que quando o professor Morselli, indicado por nós, fez uma pormenorizada descrição fisiológica da personalidade de Tullio, Ellero, ao responder ao perito da defesa, chegou a essa admissão: "Também para mim, Tullio Murri não tem um fundo criminoso". E depois, fazendo uma apreciação crítica ao perito adversário, concluiu que não se devia dar uma grande importância às anomalias orgânicas de Tullio Murri, "porque ele *não é um criminoso*". E Ellero disse isso fundando-se nos resultados que uma ciência nova — criada por César Lombroso, para glória da Itália — tem luminosamente recolhido, graças ao estudo dos delinqüentes. Estes, são-no por tendência congênita para o delito, por falta de senso moral ou porque são fracos e se deixam arrastar pelas condições do ambiente em que vivem.

Quando, portanto, Ellero disse que Tullio Murri "não é um criminoso", disse-o no sentido rigorosamente positivo, de que ele não tem tendências congênitas para o mal, não é um perverso. E são essas, senhores jurados, as conclusões sinceras que resultam, indiscutivelmente, do processo, as palavras serenas da ciência!

Tullio Murri teve a grande desventura de matar um homem; mas logo veremos porque e em que condições ele foi arrastado para essa incomensurável desventura. Por agora, podemos afirmar que não é um perverso, que não é um criminoso.

Audiência da tarde

Tínhamos visto essa manhã, como resultante processual e através do exame pericial do professor Ellero, qual era a personalidade de Tullio Murri. Não há nele a menor tendência para o crime e, apesar disso, matou! São duas verdades incontestáveis, e, portanto, a consciência do juiz deve, para tranqüilizar-se, encontrar a explicação humana da contradição existente entre o fato praticado e a personalidade moral de Tullio Murri; deve encontrar nas provas produzidas no processo as razões determinantes dos fatos.

E, realmente, a parte acusadora e o Ministério Público esforçaram-se por apresentar essas razões determinantes: a parte acusadora indicando o ódio de Tullio Murri pelo cunhado; o Ministério Público, falando não só no ódio pelo cunhado, mas também na instigação por parte da irmã.

Vamos agora ver o valor dessas explicações.

O "ódio subconsciente"

A parte acusadora disse que não tinha a obrigação de provar a existência do ódio no espírito de Tullio Murri; mas isso não passa de uma habilidade para esconder a impossibilidade de fazer essa prova. Porque não é possível, quando um homem dá tantas manifestações de um caráter bom e generoso, e não há qualquer dado em contrário, não é possível, repito, que se dê essa contradição pouco natural de vir a agir por ódio. O próprio Ellero ouviu o que as testemunhas apontavam como sendo a manifestação dessa formidável obsessão; e julgando tornear a dificuldade, Ellero disse: "Sim, é certo, admito que Tullio Murri não agiu por interesse egoísta, não agiu movido pelo ódio, agiu por amor pela irmã, tudo sacrificando a esse amor".

Mas, dizia, com aquela plasticidade verbal de estética literária que todos admiramos, "pode ser, em todo o caso, uma gradação de ódio inapercebida até pelo próprio indivíduo, uma forma inconsciente. Por isso, continuou, nada é absoluto no homem, misto de anjo e de demônio, e demônio é, nele, a selvajaria primitiva que dormita e pode ser despertada por aquele fermento da alma que é a paixão".

Podemos, evidentemente, admirar a virtuosiodade literária do perito adversário: mas as suas palavras parecem mais uma espécie de gorjeio donizetiano, com tintas científicas, do que uma sólida argumentação de ciência positiva.

Disse-se aqui que se quis fazer uma divisão, criar um dissídio, entre a ciência e o bom-senso: mas a ciência moderna, que sentimos, que é como que o suco e o sangue das nossas veias, não passa de um bom-senso metódico porque não é a velha alquimia medieval, que vivia nas nuvens e não tinha o sentido da realidade humana, mas a ciência moderna, disciplinada pelo nosso Galileu, a qual é, hoje, uma viva e palpitante realidade, a observação metódica dos fatos e das coisas.

Também o bom-senso é a observação da realidade. Mas, ao passo que o bom-senso tem, dela, impressões dispersas, a ciência, pelo contrário, compara e classifica. A ciência não é mais que o bom-senso metódico: não há nada de misterioso, de divino, no alto pensamento do sábio, e quando Augusto Murri, junto ao leito dos doentes, lhes aplica o bisturi anatômico do seu pensamento, para classificar, comparar e distinguir os vários sintomas, limita-se a disciplinar, metodicamente, as impressões que o instinto da mãe lhe expõe, a respeito da doença que ataca as vísceras do seu filho.

É por isso que o sábio moderno, seguindo o método de Galileu, não toma atitudes de super-homem, como, de fugida, ainda uma vez insinuou o Ministério Público. O pretenso super-homem, que arrasta, lentamente, a sua pessoa, como que debaixo de um pálio, formado pela incompreensão, é uma figura antipática, que, freqüentemente, só tem vento a enchê-la, quando não está saturada de orgulhoso desprezo pelos humildes e pelos modestos.

O sábio moderno não se alimenta, nem se exalta, com as próprias fantasias egocêntricas: observa a realidade, disciplinando e metodizando os dados do bom-senso, e antecipa, assim, aquela elevação intelectual e moral da humanidade, que é a nossa aspiração, porque a nossa aspiração não é rebaixar aqueles que são inteligentes e cultos, mas, antes, elevar os que vivem nas trevas da miséria intelectual e moral!

Como é, então, possível, que a ciência venha dizer que um homem, com um caráter bom e generoso, foi arrastado ao homicídio por "gradações de ódio inconsciente"? Evidentemente, essa explicação é insuficiente, e o próprio Ellero o sentiu quando disse que o principal móbil do crime foi o extraordinário afeto pela irmã. Contesta, unicamente, que isso seja um móbil patológico de enfermidade mental e afirma que cai, antes, sob a alçada de um outro artigo do Código Penal.

Essa conclusão do perito refere-se ao artigo 51º do Código Penal, que fala na provocação ao crime; não atribuindo a Tullio o apaixonamento sentimental, tende, porém, para uma outra explicação do fato, isto é, para a instigação por parte da irmã. Eu não posso fazer aqui a defesa de Linda Murri: verifico, no entanto, que a acusação, na fase instrutória, partira da fórmula do mandato para delinqüir, que o Ministério Público teve de abandonar neste julgamento, porque sentia que, diante de jurados conscienciosos, não havia elementos de prova para sustentar que Linda Murri havia mandado cometer um crime, e refugiou-se, por isso, na trincheira da ajuda, da instigação, do reforço, procedendo antes mais por suspeitas, por dúvidas, por desconfianças, do que por provas e por indícios positivos.

A instigação para a prática do crime

Mas, pelo que respeita a Tullio Murri, é evidente que a instigação de outrem para o crime, que não chega ao mandato determinante, tese agora abandonada pela acusação —, a instigação de outrem para a prática do crime, repito, só é possível quando incida em um terreno favorável, em um indivíduo com propensão para o mal. E até por isso, antes de mais nada, é necessário provar quem instigou e como o fez e, ainda, que essa instigação foi bem acolhida.

Ora, na vida cotidiana, verifica-se o que tem demonstrado as experiências de hipnotismo. Quando, há já alguns anos, na altura das primeiras descobertas científicas do hipnotismo, parecia que os hipnotizadores poderiam mandar fazer a um indivíduo tudo aquilo que quisessem, houve um momento de apreensão. Pensou-se: — Que fonte extraordinária de crimes poderá vir a ser o hipnotismo! Bastará uma sugestão para forçar um homem a roubar, a matar ou a estuprar.

Sucede, porém, que as experiências dos cientistas e as realizadas nos manicômios, revelaram que a sugestão é, nos seres hipnotizáveis, verdadeiramente irresistível quanto aos atos indiferentes; mas, quando a sugestão se refere a atos que contradigam todo o íntimo organismo físico e moral do indivíduo, então esse não pratica o ato que está em oposição com o seu caráter fundamental. Pode o hipnotizador ordenar ao hipnotizado que realize, por exemplo, duas horas depois de despertar, o ato indiferente de abrir uma janela; e a mulher estudada por Charcot, duas horas depois de receber essa ordem, sentia o desejo e a necessidade de abrir a janela que lhe havia sido indicada durante o sono hipnótico. Mas quando Charcot lhe ordenou que o esbofeteasse uma hora depois de despertar, a mulher sentiu, verdadeiramente, uma hora depois, o desejo de cumprir a ordem recebida, mas todo o seu ser se revoltou contra a idéia de esbofetear o Mestre, e não praticou o ato que lhe repugnava.

E é por isso que, na vida real, não se verificam delitos cometidos sob a ação da sugestão hipnótica.

Ora, o que acontece sob as lentes aumentativas da experiência científica, confirma-se, se bem que menos claramente, na experiência cotidiana.

Assim, no calor de uma discussão, poderemos receber do amigo com quem discutimos uma palavra, ou até um gesto, em contradição com o seu caráter, mas porque se refere a um fato simples e indiferente; porque não é possível da sua parte um ato que vá de encontro à constituição fundamental do seu organismo físico e moral.

Falar, portanto, em instigação, a respeito de Tullio Murri, significa esquecer essa verdade incontestável da alma humana. E quando nem a sombra de uma prova dessas instigações se apresenta, fica inabalável a nossa negação, que se apóia e se enraíza no profundo caráter de bondade, que todos reconheceram em Tullio Murri.

Era por isso que nós dizíamos que a única explicação humanamente possível do fato lamentável, é esta: a idéia deve terse desenvolvido no cérebro de Tullio Murri, o qual tem um senso moral normal, mas "não tem critério prático", e, por isso, não sente, nem vê, as dificuldades materiais, nem morais, das suas idéias, porque o sofisma domina a sua intelectualidade sem equilíbrio.

Pensou: — Se eu surpreendesse o meu cunhado no momento em que, com uma arma na mão, ameaçasse a vida de minha irmã, não teria o direito de matá-lo em legítima defesa? Nesse caso, tenho o mesmo direito se ele ameaça envenenar a vida da minha irmã, tornando-a infeliz.

E essa idéia, que é um sofisma generoso, mas que é um sofisma, aparece e desaparece no seu cérebro, conforme as circunstâncias de fato. — Quando a irmã está bem e ele a vê de bom humor, não pensa nisso, e vai estudar para Pianora. — Quando a irmã adoece, a garra dessa idéia crava-se nele, tornando-se obsessão, mas essa obsessão é produzida, unicamente, pelo seu excepcional afeto pela irmã.

No entanto, quando tivermos dito que Tullio Murri agiu impelido pelo seu extraordinário afeto pela irmã, teremos apontado as razões que o levaram a agir, mas não a direção do seu modo de agir. Nem todos os irmãos são capazes de matar; um poderá praticar um ato, por exemplo, de sacrifício pessoal; um outro poderá, se tiver um temperamento de calculador hipócrita, criar o pretexto de uma altercação, de uma rixa com o cunhado, e feri-lo com a garantia de ter uma atenuante, e talvez a absolvição.

Portanto, para se chegar ao crime de 28 de agosto, é preciso que concorram, ainda, outras causas; é preciso que esse sentimento, além de excepcional e extraordinário, se desenvolva em uma personalidade desequilibrada, que partindo de uma idéia justa (a legítima defesa da irmã, que fosse material e mortalmente agredida pelo marido), através de um sofisma (portanto, dá-se também a legítima defesa se a irmã for, simplesmente, infeliz) se torna em obsessão ou idéia fixa: "se Linda morre, o responsável sou eu", que o arrasta à aberração do crime, mas em tal estado de espírito, que poderá escrever nas suas memórias que "a consciência não lhe causa remorsos".

É assim que pode explicar-se essa piedosa loucura, na qual

insistirei, porque o homem bom e generoso declara que a consciência o não acusa, apesar de ter morto o cunhado. Exatamente porque caiu no báratro do fato lutuoso, arrastado por um encadeamento de idéias justas e de idéias falsas, que atormentaram a sua inteligência, que está sempre em equilíbrio instável, justamente por isso é que ele crê que, matando, não se limitou a exercer um direito, mas que cumpriu, até, o seu dever, salvando a irmã da morte lenta mas inevitável: e por isso ele, que tem um senso moral são, pode, sinceramente, estar arrependido do seu gesto, pois a realidade espasmódica o despertou da sua obsessão, mas não sente o tormento do remorso pelo que fez.

O afeto pela irmã

É por isso que, senhores jurados, se torna necessário recordar, a todo o momento, neste processo, quais eram as condições afetivas de Tullio por Linda, sem o que não teremos a explicação de nenhum dos fatos da causa, dos mais trágicos aos mais insignificantes.

E a parte acusadora e a acusação pública, quando imputaram a Tullio Murri certos fatos, sob um aspecto antipático, só o puderam fazer esquecendo-se de que esses fatos haviam sido praticados sob o aguilhão do amor pela irmã.

Scipio Sighele disse: "Aceitou dinheiro do amante da irmã!".

Realmente, senhores jurados, aparentemente o fato em si é antipático; mas vejamos como é que ele germinou no espírito de Tullio Murri. Em 21 de agosto, antes, portanto, de Linda lhe mandar o envelope com as 3.000 liras, depositou no Banco 40.000 liras em seu nome; podia ter depositado só 35.000, como disse o advogado Palberti. Dizem os adversários que Tullio obteve o dinheiro do doutor Secchi, porque, recorrendo ao Banco, no registro ficaria a prova do levantamento.

Mas neste caso não: em 21 de agosto faz um depósito de 40.000 liras; podia depositar só 35.000 e, então, nada constaria do registro e o pai só teria dado por isso alguns meses depois, porque só passados alguns meses, ao voltar a Bolonha, o teria podido verificar. Pelo contrário, Tullio aceita, aborrecido e com repugnância, o dinheiro de Secchi, porque não quer desgostar a irmã, a irmã caída em um abismo; abismo que, para Tullio, é a morte de um homem e para ela o adultério.

É ela quem insiste com o irmão para aceitar aquele dinheiro, de que Tullio precisava realmente, porque dos documentos do Banco resulta que, em 22 de agosto, tinha um vencimento de 2.600 liras.

E assim, por exemplo, quando Scipio Sighele disse: "Teria perdoado a Tullio Murri se ele tivesse tido a coragem de afrontar Bonmartini em plena via pública e, em luta com ele, chegasse à decisão, mesmo sangrenta que fosse, do problema", não fez mais do que exprimir o pensamento que tem surgido em muitos de nós, que se apresenta, espontaneamente, ao espírito de quem considera o aspecto tormentoso daquela perturbada situação conjugal e de família; mas esse pensamento não ocorreu a Tullio Murri. É um pensamento, de dissimulação, que não tem lugar no seu espírito generoso e impulsivo. Teria podido, procedendo assim, constituir uma antecipada escusa moral e legal: matou, mas no calor de uma discussão, no ímpeto da cólera e da dor, injustamente provocadas. Pelo contrário, Tullio Murri procede de outra maneira, porque, agindo assim, espera não comprometer a honra imaculada do pai e não comprometer a irmã, que é o ídolo do seu coração.

E quando Tullio Murri, no seu memorial, repete as acusações contra Bonmartini, repete-as ainda porque tem, de boa-fé, a convicção de que a infelicidade, a desventura de Linda proveio, unicamente, das más qualidades de Bonmartini, ao passo que a mim me parece, com eqüidade humana, poder dizer-se que as más qualidades de Bonmartini apenas concorreram para isso, e o despedaçar daqueles dois corações deve ter-se dado em condições muito excepcionais, para que um príncipe da Igreja, o cardeal Svampa, pudesse ter lançado a bênção matrimonial, quando um dos cônjuges renegava o instituto fundamental do matrimônio segundo os Cânones da mesma Igreja: as relações conjugais.

Deviam, portanto, ser condições excepcionais, e Tullio, no seu memorial, repete aquela acusação que nós aqui referimos, não porque quiséssemos discutir neste Tribunal a forma como ou porque Bonmartini tratava os camponeses de Cavarzere ou outros; para nós, basta-nos o que a testemunha da parte acusadora, comendador Mainardi, aqui disse, que "os camponeses de Cavarzere estão mal, vivem em casas cobertas de palha, e que outros proprietários melhoraram os edifícios, como Franchetti e Pandolfini". Não viemos aqui para introduzir a política em uma questão que é, apenas, um drama humano, mas unicamente para demonstrar que Tullio, no seu memorial, estava de boa-fé, quando fazia aquelas censuras ao cunhado.

É certo que Tullio Murri não tinha nenhum direito de pensar em matar um homem por os seus camponeses viverem em piores condições que os camponeses de outras regiões ou de outras propriedades. Mas, no entanto, até isso serve para demonstrar que, no memorial — ponho de lado a descrição dos fatos, que já foi e será ainda feita por outros colegas — é, justamente, nessa parte psicológica e moral, que a personalidade de Tullio Murri se não desmente.

E se eu, em um momento fugitivo, em uma das passadas audiências, me encolerizei com uma das testemunhas, não foi, decerto, por ter qualquer preconceito de casta. Nós, os homens modernos, julgamos as pessoas pelos seus sentimentos e ações e, sobretudo, pelos móbiles das suas ações, e quando são honestas e retas, tanto cortejamos os nobres quanto os plebeus, porque então, à nobreza do brasão se junta a nobreza das ações e a dignidade do caráter. Mas, naquela audiência, enchi-me de cólera, por ver que, quando uma das testemunhas queria fazer-nos acreditar que os camponeses de Cavarzere ganhavam 4 a 5 liras por dia, quando a sua vida é, notoriamente, feita de miséria e de sofrimentos, outras se levantaram para declarar a sua solidariedade com a testemunha, solidariedade não requerida, nem necessária. Contra essas tive uma palavra de protesto, não porque eu acredite que a miséria do mundo se possa fazer desaparecer com um toque de uma varinha mágica, mas porque creio que, mesmo na sala da justiça, uma palavra de piedade pelos desgraçados, que não deforme a dolorosa verdade, é o cumprimento de um dever.

A razão que fez agir Tullio Murri, que é bom e generoso, foi, portanto, o afeto pela irmã, um afeto que todos declaram ser extraordinário. O fato de um irmão gostar da irmã, é uma das alegrias da existência; e é assim que, logo no começo da aurora da vida, a diversidade dos sexos se manifesta, tomando o rapazinho ares cavalheirescos de proteção à irmã, pondo ao seu serviço a força muscular e a agilidade do cérebro, antecipando assim as suas experiências de futuro marido e pai de família, ao acompanhar a irmã, alegre e orgulhoso, pelos caminhos sombrios ou pelas ruas cheias de sol da sua cidade!

Isso é um fenômeno natural, que em Tullio Murri, porém, chega à condição excepcional de o fazer perder, por fim, a noção das proporções com a vida e a realidade.

Cartas de Tullio para Linda

Merecia a irmã esse afeto extraordinário? Outros falarão dela, comparando os documentos humanos existentes no processo, que demonstram a tendência do seu espírito, com a culpa que sobre ela pesa, por ter cedido ao amor de um homem. Uma mulher pela qual, tanto as criadas como as mais altas damas da aristocracia italiana, vêm aqui dizer uma palavra de pesar e de simpatia, não pode ser indigna do afeto de Tullio Murri. Aquela que é e foi adorada por Augusto Murri, não pode ser indigna desse afeto, que a acusação, na instrução secreta, teve de reconhecer, dizendo, por fim, que ele "era *quase mórbido* em Tullio Murri". E, realmente, é essa a posição psicológica de Tullio Murri em frente da irmã: as suas cartas, escritas em uma época insuspeita, são um documento incontestável: Linda estava, no ano de 1899, em S. Remo, por motivos de saúde; Tullio, em uma carta, escreve: "Gosto de te ver assimilada a mim, que sou naturalmente alegre, em todos os meus desejos e em todas as minhas expressões. Assim, penso que, se pudesse, desejaria amassar o teu corpo com o meu e o meu espírito com o teu, para podermos ficar iguais em tudo: creio que se isso pudesse fazer-se, seríamos ambos felizes".

Linda é melancólica e triste e o irmão sente, em virtude dessa tristeza, acentuar-se e redobrar o seu sentimento de afeto pela irmã doente.

Em uma carta para Attilio Rossi, datada de 27 de abril de 1901, Tullio Murri escreve: "A minha pobre irmã, infelicíssima sempre, depois de estar vinte e cinco dias com dores atrozes nos olhos, podendo o esquerdo considerar-se perdido, ainda se conserva no seu leito de dor. Se pudesse imputar a alguém o mal que a tortura, *cometeria um crime* antes da noite".

Cá temos, agora, a frase que a acusação julgou poder opor como argumento contra nós, a adquirir um significado que, ao mesmo tempo que desfaz quaisquer interpretações de tendência para o mal, confirma, mais uma vez, o desequilíbrio sentimental do irmão pela irmã.

É certo que, a esse respeito, a acusação insinua que as doenças de Linda são *pouco críveis*. Ora, senhores jurados, devem recordar-se dos 157 exames de urinas dessa desgraçada, dos diagnósticos clínicos... mas o *leit motif* da hipocrisia chega, quanto às doenças dessa mulher, a atacar o exame objetivo e técnico dos médicos, e diz, ironicamente, "teve uma infinidade de doenças, mas continua viva!". E no entanto é assim mesmo: basta olhar à nossa volta para vermos, como fenômeno comum, que as criaturas de sistema nervoso mais desenvolvido são, justamente, aquelas que parecem condenadas à morte pelas doenças orgânicas, estão sempre de cama e, contudo, a excepcional energia do seu sistema nervoso, que é o grande regulador da vida, faz-lhes vencer doenças que, para outras, seriam mortais.

Quem não se lembra da grande artista italiana que, para glória da nossa Pátria, levou um raio de sol e de arte a todos os países civilizados: Eleonora Duse? Nervosa como tantas outras, os jornais alternavam as notícias dos seus triunfos artísticos com as das suas doenças; mas volta à cena apesar dos seus males e obtém novos triunfos e vence a enfermidade, graças ao excepcional poder do seu sistema nervoso, sem o qual, de resto, não se explicaria o seu gênio.

O mesmo sucede com as doenças de Linda, que Tullio descreve em uma outra carta, com essa imprecação final: "Linda está no fim da vida. Foi à Sicília para readquirir a saúde. Mas, coisas do destino, o pó infecto do Etna provocou-lhe uma imprevisível doença dos olhos que a faz sofrer, ao passo que eu me sinto tão vigoroso, como que por ironia, sem lhe poder *dar o meu sangue*". Isso exprime bem a maneira de sentir de Tullio Murri, em um documento escrito em 1898, que nenhuma acusação, privada ou pública, pode atacar como suspeito de hipocrisia.

E na carta que manda à irmã em 1901, de Mônaco, para onde fora depois da severa censura e da recusa de cumprimento do pai, em virtude de um desafio para duelo, escreve: "Quando penso em ti, choro como nunca chorei porque a lembrança de que te deixei fraca e deitada em uma cama, para junto da qual não posso voltar sem que outro fuja, envelhece-me vinte anos e creio que deste abalo terrível nunca conseguirei recompor-me inteiramente".

É esse o afeto do irmão pela irmã, afeto que atinge proporções extraordinárias, como eco desproporcional dos fatos, em uma personalidade psiquicamente pouco equilibrada como a de Tullio Murri. Esse afeto pela irmã é a verdadeira razão dos atos praticados por Tullio Murri; é a sua única explicação, com a qual teve de, em substância, concordar o próprio professor Ellero, embora contestando que Tullio Murri seja um epiléptico ou um louco.

Neste ponto estamos de acordo; também o perito da defesa, professor Morseli, disse: "Nunca pensamos em dizer que Tullio

Murri é um louco, no sentido vulgar da palavra, nem um epiléptico". Contudo, Ellero disse que Tullio é um emotivo e um sentimental e, assim, deu um passo ao nosso encontro, ou melhor, ao encontro da verdade, porque reconhece que o afeto extraordinário pela irmã é a razão dos fatos atribuídos a Tullio Murri. E a reserva que faz, referindo-se a um ódio subconsciente, provem só do fato de Ellero não observar, nem medir, aquele estado sentimental de toda a personalidade anormal de Tullio Murri, de quem o pai, como pai e como médico, disse: "Tullio é um bom, mas não tem critério".

Durante o julgamento por diversas vezes foram lidas cartas de Tullio e, certamente, todos devem ter sentido a impressão da fraqueza da sua forma. Quero dizer, a esse respeito, uma última palavra, porque a acusação, tanto pública quanto particular, julgou poder tirar dessa forma literária um argumento contra Tullio Murri. Disse-se: "Aquelas cartas, em que ele descreve as suas aventuras eróticas com as criadas do mercado, são inconvenientes e desacertadas, especialmente por serem dirigidas à irmã".

A realidade é que essas cartas, na sua forma, nada têm que seja verdadeiramente repugnante ou desacertado: eram cartas dirigidas a uma mulher casada, contando aventuras iguais às que todos os dias lemos nos romances e nos jornais, mas tinham, ainda e sempre, um fim afetuoso para a irmã: aquelas cartas sorridentes eram escritas para a distrair, para a alegrar e para afastá-la da melancolia e da tristeza que se haviam apoderado dela. Em uma carta de 8 de março de 1895, diz ele: "Espero fazer-te rir um pouco com as minhas aventuras"; cá temos o fim de distrair a irmã melancólica. E em janeiro de 1899: "Conserva-te com saúde e alegre, alegre quanto possas sê-lo". E em 13 de fevereiro de 1899: "Querida, Linda, junto algumas linhas à carta da mamã, contando-te um caso que te fará rir um bocado".

Era essa a razão das cartas, que, segundo afirma a acusação, podem ter uma interpretação menos simpática, mas que, pelo contrário, eram escritas para distrair a irmã da idéia fixa da tristeza da sua vida. Sempre, em qualquer parte, para todos os atos ou ditos de Tullio, de que não seja manifesta a razão, só é verdadeira uma explicação: o afeto pela irmã.

Até aquela carta de 29 de junho de 1899, em que filosofa acerca do amor, reduzindo-o a um "ardil da natureza para continuar a espécie", que motivou a acusação de um cinismo bestial, pode, também, explicar-se com esse afeto pela irmã, que ele viu romanticamente enveredar pela estrada do amor, para chegar à tristeza, da qual imaginava poder retirá-la com essa filosofia, que não é bestial, meritíssimo representante do Ministério Público, mas é, ao contrário, a filosofia de alguns pensadores célebres, que não direi definiam, como Chamfort, o amor como "o contato de duas epidermes", mas diziam exatamente, como Artur Schopenhauer, que "o amor é um ardil da natureza para assegurar a continuação da espécie".

Porém, em uma carta de 7 de setembro de 1900, escreve Tullio: "A mulher pode, no amor, dar aquilo que o homem não pode dar, pois para ele o amor não é mais que uma agradável necessidade fisiológica, ao passo que para a mulher é, por vezes, toda a sua vida".

Isso é um conceito, digamos assim, rabelaisiano do amor, que não subscrevo por minha conta: eu que tive a rara fortuna de uns doces olhos maternos — que ainda me sorriem do túmulo, e já lá vão vinte e seis anos —, que, pelas colinas que cercam Turim, me acompanhavam, juntamente com C. Lombroso, M. Lessona e G. Bizzozero; eu, que no meu novo e doce ninho, vejo renovar-se a imagem querida de minha mãe, como fruto do nosso amor, penso e sinto que o amor se eleva das raízes da necessidade fisiológica e se nobilita na expansão do espírito e na solidariedade do coração e do cérebro.

Isso, porém, não impede que haja homens, que têm, a respeito do amor, o frio e baixo conceito que Schopenhauer exprimia e Bonmartini ou Tullio Murri praticavam, sem que, por isso, a sua cética atitude possa revelar uma chaga purulenta de cinismo criminoso.

Tullio Murri conserva esse afeto extraordinário pela irmã em uma personalidade que não é equilibrada. Disse o bondoso bispo Bonomelli, que o pai Murri dizia que Tullio não tinha critério, e o professor Rovighi contou que o pai se lhe queixara do filho, nos termos que sabemos; Tullio, na famosa carta escrita a Linda em junho de 1898, em que fala do seu grande entusiasmo pelo Ariosto, descreve-se a si próprio e às suas relações de extraordinário afeto com a irmã.

Escreve a Linda, em 1898: "Todas as tuas cartas me causam grande alegria: alegria quando as vejo chegar, escritas pela tua letra; alegria quando as sinto volumosas; alegria quando as leio, e alegria, finalmente, quando, tendo-as sob os meus olhos, me divirto a responder-te qualquer coisa".

Mais adiante, encontramos, na mesma carta, a outra face desse poliedro, que é, sempre, a personalidade humana: "Antes de mais nada, dizes que sofres quando vês que o divertimento (mas: que divertimento) me absorve totalmente, me faz esquecer o verdadeiro fim e a razão da vida, deixando-me depois tão fraco e desamparado como um doente. É certo que, em Zurich, cedi demasiadamente aos seus atrativos, mas com a alma entristecida. Apesar das aparências, vê como é errada a tua opinião acerca do meu caráter".

E continua: "A minha cabeça parece um vulcão. Eu atribuo aqueles negros dias aos nervos, que em mim, sob uma aparência de tranqüilidade, acredita, são outros tantos diabos desencadeados. Imaginas que, como diria Guerrazzi, sob a superfície gelada de um rio as águas correm menos rápidas para o mar? É certo que há dias em que me parece estar *à beira da loucura*, e não o digo por toleima ou para me dar ares, mas porque é a expressão exata da verdade".

Tullio no diário de Bonmartini

É esse o retrato intelectual e moral de Tullio Murri, tal como o traçaram, de acordo, todas as testemunhas que aqui vieram depor. Por um lado, todas reconheceram que, sob o aspecto sentimental, Tullio Murri é um bom rapaz, mas que, quanto à inteligência, lhe falta o critério prático.

O professor Albini disse: "Admito que Tullio é um estouvado"; e Gallarani, que não é nossa testemunha, disse: "Tullio pareceu-me, em 1895, um rapaz inteligente, mas um pouco impulsivo"; e o doutor Boari chama-lhe "impulsivo", e Zanardi disse: "Tullio é bom, mas nos ajuntamentos excitava-se, por vezes, excessivamente". E Carolini disse que "Cerverato dizia que Tullio tinha um caráter impulsivo e cheio de imprevistos"; e o senador Finali disse que "ouviu falar de Tullio como de um exaltado".

E a testemunha Arderi afirma que o conde Bonmartini dizia que "quando Tullio se zangava, tornava-se exaltado".

E no diário de Bonmartini encontramos a descrição de Tullio Murri; e se é certo que, nos diários, as notas autobiográficas devem ser aceitas a benefício de inventário, porque quem escreve acerca da própria vida pode ser uma testemunha pouco exata, pouco clarividente ou demasiadamente preocupada com o futuro leitor, as notas que se referem aos outros são mais de atender. Ora, no seu diário, o conde Bonmartini dá-nos uma visão psicológica de Tullio Murri. Ao começar, escreve (e não, decerto, para o juiz de instrução): "Quando os nossos filhos forem grandes, verão qual dos dois tem razão, se o pai ou a mãe". E no mesmo prefácio ao seu diário, há essas palavras textuais: "Linda tem um irmão mais novo, advogado de grande inteligência, mas de espírito desequilibrado".

Quem escreve é Bonmartini: e ele tem, portanto, do cunhado, a impressão que têm outras pessoas, a começar pelo pai, e que nos ajuda a dar a única, a verdadeira explicação do fato lutuoso de 28 de agosto. Porque se não tivermos em conta a anormalidade das condições mentais de Tullio Murri, não é possível solucionar o enigma — que, por isso mesmo, não foi solucionado pelo professor Ellero — explicando como um homem de caráter bom e generoso chegou à sangrenta tragédia de 28 de agosto.

A "ciência invasora"

A esse respeito, estou a ver daqui o sorriso do Ministério Público, que tenta, mais uma vez, meter a psiquiatria em uma espécie de lazareto. Mas o sorriso não é um argumento, mesmo que se quisesse esquecer o provérbio popular...

Em vista da desconfiança manifestada pela psiquiatria, até pela parte acusadora, não porei em relevo as frases, mais ou menos sagazes, de Nasi, que disse que a maior manifestação da vida humana, "a justiça, é perturbada pela ciência invasora", como querendo dizer que a justiça humana precisa do reino da ignorância!

E como se falou em peritos pagos, esquecendo-se Ellero, que não foi indicado nem pago por nós, porque as verdades por ele estabelecidas não servem à acusação, também o Ministério Público julgou, repetindo que um abismo separa a ciência e o bom-senso, poder comparar a psiquiatria à meteorologia de Chfonio. Por isso, ao ouvi-lo, pareceu-me, francamente, que, naquele momento, o Ministério Público representava o protagonista de um célebre romance americano, que adormecera há cem anos e despertou com todas as velhas idéias de um século antes. No fim das contas, dizer que a psiquiatria é uma coisa semelhante à demonologia da Idade Média, significa esquecer que a mil metros dessa sala, em um Ateneu glorioso, há um homem que faz brilhar o nome italiano por todo o mundo civilizado, um homem que se chama César Lombroso.

A mil metros de distância do Ateneu de Turim, ouvir os acusadores, em um julgamento público, dizer que é preciso desconfiar da ciência invasora — como se estivéssemos em uma aldeola perdida entre montanhas! — não é, verdadeiramente, um argumento que exija a nossa refutação, mesmo porque é uma injúria indireta à vossa inteligência e aos vossos sentimentos, senhores jurados.

Turim, na sua praça do Castelo, tem um tríplice Palácio Madama, que resume as três grandes épocas da história italiana, desde o imponente monumento da porta, documento romano, ao castelo Medieval e ao palácio do século de 700. E à volta do Palácio Madama estão dois monumentos, que simbolizam as mais nobres aspirações da nossa vida de italianos modernos: por um lado, o monumento dos Milaneses ao exército Sardo, que dois anos antes de Solferino e San Marino, marca o ponto de partida para a redenção da pátria — pensando no qual sentimos o sangue estremecer de entusiasmo; porque, se os heróis mártires não tivessem tornado a pátria livre, nós não poderíamos, agora, trabalhar por uma pátria mais alta e maior no grêmio das Nações civilizadas. — E, por outro lado, o monumento a Galileu Ferraris, que indica à Itália Nova como na ciência que ensina a dominar as forças naturais, estão o seu futuro e as suas esperanças. Aquele Galileu Ferraris, que transformou a força elétrica, da escrava estéril que Benjamim Franklin acorrentara ao pára-raios, e de que Alexandre Volta deu à humanidade o conhecimento técnico e a possibilidade da produção artificial, em uma força disciplinada em benefício dos homens, na luta contra a natureza...

Por isso, ouvir, nesta cidade e neste ambiente, com tais recordações, antiquadas palavras de desconfiança em relação à ciência, quando há um enigma humano a resolver, só pode explicar-se como uma modalidade de táctica forense. Contudo, quando o Ministério Público dizia: "mas dessas experiências, de que Morselli e outros nos falaram, os criminosos sujeitos a julgamento têm interesse em mentir, e compreende-se, assim, que surpreendam a boa-fé dos peritos", havia uma certa razão nessa observação.

É certo que nem todas as afirmações dos acusados em observação se devem aceitar como ouro de lei, e é preciso utilizá-las a benefício de inventário, sobretudo adotando o seguro critério de crítica probatória, de que a credibilidade das declarações dos acusados é mínima se elas estão de acordo com o interesse egoísta do examinado, mas é máxima quando as suas declarações estão em evidente oposição com as suas vantagens pessoais. Assim, por exemplo, quando eu vou, com os meus alunos, estudar os presos, se um deles me diz: “Estou arrependido do crime que cometi”, só posso acreditá-lo se outras pessoas confirmarem a sua declaração, que é demasiadamente interessada para ser sincera. Mas se o preso me responde, como tantas vezes tenho ouvido: “Cometi o crime e não estou arrependido. Tornaria a cometê-lo, se estivesse em liberdade”, então, evidentemente, não pode a grosseira dúvida do Ministério Público fazer-me pensar que essa declaração tenha sido feita para me enganar.

Mas, além disso, o grande progresso da ciência experimental contemporânea está em haver experiências que dão resultados independentes da vontade dos acusados: quando Morselli nos mostrou as linhas vigorosas das palpitações do coração de Tullio Murri, conforme as impressões de afeto ou de ódio, nesse ponto não pode Tullio Murri ter enganado o perito, porque nenhum homem pode, à sua vontade, dominar e regular o palpitar do coração. A engenhosa máquina de Marey permite que as palpitações, aceleradas ou tranqüilas, do coração, possam ser registradas sobre o papel esfumado, e têm um imenso valor científico, justamente porque são independentes da vontade do indivíduo. Por isso, conta César Lombroso, nas suas memórias científicas, que examinando, um dia, na cadeia de Turim, com o aparelho de Marey, um indivíduo sobre quem recaíam suspeitas de ser o autor de um famoso furto praticado nesta cidade, viu que, quando se falava do crime que lhe era imputado, o coração continuava a bater com ritmo tranqüilo, o que levou Lombroso a dizer: “Era capaz de jurar que esse homem nada tem de ver com esse furto”.

E isso veio a confirmar-se quando, sucedendo falar-se de um outro furto, que não era imputado ao examinando, e tendo visto, então, à simples menção desse crime, o bater do coração tornar-se tumultuoso, seguindo as vibrações do ponteiro do instrumento, César Lombroso disse ao juiz de instrução: “Veja se não haverá alguns indícios de que ele tenha participado neste caso de que não é acusado”. E o juiz de instrução, guiado e não enganado pela “ciência invasora”, voltou as suas indagações para a nova pista e acabou por, apertado pelas provas, obter do acusado a confissão de que cometera o segundo furto.

É tão grande o poder da ciência experimental, que chega a registrar os impulsos do cérebro, graças às famosas experiências de

Angelo Mosso, o qual também pertence ao Ateneu de Turim — que fica a poucas centenas de metros desta sala —, e é uma autêntica glória da ciência italiana.

A zona intermédia

Não vou, portanto, repetir, senhores jurados, os resultados dos exames periciais de Morselli, Toselli e Treves, pelo que respeita a Tullio Murri: ouviram-lhes expor as suas conclusões, e creio que estas, juntamente com as explicações e verificações de fato, relativas a Tullio Murri, que aqui apresentei, devem explicar completamente o ato porque tem de julgá-lo. Porque os senhores jurados já sabem agora, através das discussões travadas e pelo conhecimento próprio, que o crime nem sempre, mas só até raramente, é o ato de um louco declarado, delirante ou furioso.

Esses loucos, ainda que cometam crimes, não chegam ao Tribunal criminal: porque, apesar de todas as desconfianças do Ministério Público pela psiquiatria, nesse caso os juízes apressam-se a reconhecer que estão a contas com um alienado mental.

Na maior parte dos casos, o crime é a ação de um homem cujas perturbações e desequilíbrios mentais só são perceptíveis para o olhar técnico do perito.

É o caso de Tullio Murri, para o qual, apesar dos juízes, na sentença da Câmara de Conselho, se terem referido, como recordei essa manhã, às "condições fisiológicas" que o predispunham para o crime, vimos que, no seguimento da instrução, não se aplicou a norma legal que obriga o juiz a recorrer ao parecer de um homem de ciência. E foi por isso que tivemos de guardar para o julgamento os exames psiquiátricos. Sucede que os peritos não sustentaram, nesse ponto de acordo com Ellero, perito da acusação, que Tullio é um epiléptico, um louco furioso, um delirante ou um louco que, por distração, faça o mal levianamente.

Mas Tullio Murri é, incontestavelmente, um anormal nas suas condições mentais, que está naquela zona intermédia de que Maudsley, o grande médico inglês, fez a descrição rigorosa e científica: zona intermédia, porque o indivíduo que tenha no sangue, por hereditariedade neuropática, a predisposição para o desequilíbrio, pode morrer aos 90 anos, com saúde e de maneira perfeitamente normal, conforme as circunstâncias da sua existência, se tem a sorte de viver em um ambiente favorável. Mas aquele que, pelo contrário, como diz Maudsley, tenha a desgraça de encontrar dificuldades e desventuras na vida, facilmente será atirado, da "zona intermédia" em que nasceu, para o terreno da loucura, do suicídio ou do crime.

É isto que diz a ciência, que é feita de bom-senso!

Temos, precisamente, diante de nós, um indivíduo, que tal como foi descrito pelo pai e pelas testemunhas, se encontrou nas condições que o sábio, reunindo as suas observações pessoais, descreveu com tamanha lucidez.

Estamos diante de um indivíduo de mentalidade anormal, que reproduz um dos dois tipos da influência do desequilíbrio mental sobre o crime. Uns são desgraçados, que chegam especialmente ao homicídio, levados pelo impulso imprevisto e momentâneo de um acesso epiléptico, alcoólico ou maníaco. É um tipo de desequilíbrio mental inteiramente diverso daquele que caracteriza Tullio Murri.

Pelo contrário, há, entre esses desgraçados, mais ou menos enfermos do cérebro, os que chegam ao crime através de uma lenta ação do seu desequilíbrio mental, que, pouco a pouco, os arrasta, por uma progressiva obliteração da sua atividade psíquica, para uma ação que está em absoluta contradição com a sua personalidade moral. Esses estão sujeitos às ansiedades de uma luta angustiosa tentando resistir à idéia criminosa, na qual acabam por ceder e sucumbir. Nos indivíduos criminosos e perversos, a idéia do crime, quando surge, corrompe imediatamente a sua consciência bastante débil, e nela se radica, conduzindo-os, tranqüilamente, friamente, meditadamente, ao crime.

Quando a idéia e a ação contrastam com o senso moral de uma criatura boa e generosa, quando, por exemplo, uma mãe sente, por neurose histérica, lampejar lhe no cérebro a idéia de matar o próprio filho, o amor materno profundo resiste e arrepia-se com essa idéia: mas se ela volta, teimosamente, em virtude das condições doentias do seu cérebro, depois de inenarráveis angústias, depois de uma terrível luta com a idéia fixa e obsessiva, esta, finalmente, em um momento de maior fraqueza, consegue triunfar, e como uma tempestade, explode e arrasta à ação criminosa.

São grandes desventuras humanas, de que todos nós, através da crônica judiciária de todos os dias, vamos tendo conhecimento, essas obsessões que, segundo um orador da acusação particular, não passam de cômodas invenções dos peritos da defesa, como se as obsessões fossem uma nova forma clínica de enfermidade mental, inventada propositadamente para uso desta causa!

Há, porém, uma infinidade de livros sobre psiquiatria, que estudam as diversas modalidades da obsessão, que é uma das formas mais sutis, mais subterrâneas, mais difíceis de descobrir, de doença mental.

É a obsessão que, umas vezes, pára a meio da subconsciência e não chega à ação exterior, fechando-se no estádio da angústia interna, e outras, pelo contrário, conduz diretamente ao naufrágio de uma existência inteira. A obsessão é uma idéia fixa, que domina e tiraniza o espírito do homem, que expulsa qualquer outra idéia que procure opor-se-lhe, e que regressa obstinada ao cérebro, como no caso daquele obsessionado, descrito pelo professor Tamburini, que resumia o estado de espírito que o levou a assassinar o irmão, dizendo: "Eu pensava sem pensar!".

A obsessão pode, porém, também ser inócua, pois há obsessões unicamente ideativas, que são as obsessões calculadoras.

É o caso, por exemplo, da obsessão aritmética: os atacados por ela são indivíduos que sentem, obstinadamente, no seu cérebro, a necessidade de calcular, por exemplo: quantos seixos haverá na rua por onde seguem, e torturam o cérebro a procurar contá-los; e depois, quantos haverá nas ruas de Turim, e em todas as cidades da Itália, e quantos seixos haverá em todas as cidades do mundo. É uma coisa que, dita assim, pode até fazer sorrir, mas que, pelo contrário, representa para esses desgraçados um tormento e uma idéia obsessiva, de que o indivíduo não pode libertar-se, e com a qual, durante longos anos, se vai torturando a si mesmo.

Quando eu fiz, pela primeira vez, esses estudos na Universidade de Bolonha, o professor de psiquiatria fazia observar um obsessionado, na cabeça do qual se metera a idéia de não tornar a comer, porque, dizia ele, a sua família e toda a gente lhe dava para comer coisas putrefatas: era uma doença que lhe dera a ilusão sensorial do cheiro a cadáver. E para demonstrar como essa obsessão era incoercível e que o indivíduo não podia libertar-se dela, o professor fez a seguinte experiência: disse ao pobre diabo: "Acreditas que sou teu amigo?" — "Sim, o senhor não me quer mal". — "Portanto, não te posso dar a comer coisas podres; mas quero dar-te uma garantia maior; vou mostrar-te uma galinha que está a pôr o ovo e tu comes esse ovo logo que ela o ponha; assim te convencerei de que, dessa vez, ninguém te deu comida podre!" — "Evidentemente", respondeu o desgraçado, "assim tenho a certeza!". Fez-se a experiência: mas quando comeu o ovo, em virtude da sensação do cheiro ser proveniente do seu sistema nervoso e não das coisas, exclamou: "Esta agora, até esse ovo está podre... quem sabe com que máquina infernal terá sido fabricado!".

Vejam até onde pode chegar a obsessão, a qual pode ser, pelo contrário, do tipo impulsivo, e não apenas ideativo, e pode, chegada a ocasião, arrastar o indivíduo à prática de atos criminosos ou ao suicídio, quando a idéia fixa se não limita ao campo interior do pensamento (como no caso da mania de contar os seixos), mas se refere a atos de outras pessoas, às quais, por isso, o enfermo atribui a causa dos seus males. Por isso, se aquele obsessionado, que o professor mandava estudar em Bolonha, um dia matasse o enfermeiro ou qualquer outra pessoa da sua família que, antes de entrar para o manicômio, lhe tivesse oferecido comida que lhe parecia podre, ninguém poderia negar que o seu ato violento fosse o produto de uma obsessão tornada impulsiva.

A idéia fixa

Observem Tullio Murri. A idéia de que a irmã está a morrer, em conseqüência dos maus-tratos do marido, vai e vem no seu cérebro, conforme as circunstâncias, mas, pouco a pouco, torna-se profunda e tirânica, em seguida desaparece de novo, mas volta pouco depois, porque a obsessão é sempre mais ou menos ondulante e não firme e imóvel, pois, nesse caso, a enfermidade mental seria, possivelmente, uma forma de idiotia ou de demência.

Quando as circunstâncias da vida são mais favoráveis, o indivíduo parece quase livre da obsessão, deixa, até, de pensar nela; mas logo que cai outra vez sob o jugo das contrariedades, a idéia intervém, domina-o, tiraniza-o, obsidia-o. E surge, então, aquela situação e estado de espírito em que o contraste entre a personalidade moral e a idéia dominante ocasiona no indivíduo sofrimentos e angústias, dos quais Tullio Murri fala nas suas cartas, quando, por exemplo, escreve ao amigo: "...Apesar das aparências, sou infeliz, nem sei como vivo: se pudesse ganhar a vida com um trabalho que me distraísse, talvez me sentisse melhor".

Tullio Murri é vítima de uma obsessão, que provém do seu afeto extraordinário e anormal pela irmã. Fixa-se na visão daquela criatura sofredora: “Nós”, diz em uma carta, “somos impotentes, para a salvar: — daria para isso metade do meu sangue”. E em outra carta diz: “Linda morre e Bonmartini é a única causa da sua desventura”.

E, então, surge no seu espírito desvairado o seguinte raciocínio: — Mas se Bonmartini ameaçasse com um revólver a existência de Linda, não teria eu, como dever moral e legal, o direito, o dever, de defender a minha irmã, mesmo matando-o? E só porque Bonmartini não ameaça a existência de minha irmã com um revólver, mas a leva à agonia com os maus tratos morais, não terei o direito e o dever de defender a minha irmã? — Aqui, evidentemente, era o seu espírito desvairado que não sabia discernir o verdadeiro do falso: sim, ele tinha o direito e o dever de defender a irmã também dos maus-tratos morais, mas não matando Bonmartini! A defesa, neste caso, só era legítima dentro das formas legais ou normais da vida civilizada e não no excesso violento, que só é legítimo no momento da necessidade.

Mas essa distinção, que qualquer de nós, refletindo, facilmente pode fazer, não a fazia Tullio, dominado pela sua obsessão.

No interrogatório que aqui lhe foi feito, teve ele uma expressão característica: “O sentimento dizia-me que estava no erro, a razão dizia-me que estava na verdade!”. É precisamente o contrário do que acontece com os criminosos comuns e perversos. Nestes, o espírito raciocina corretamente, mas são os sentimentos que não os desviam do crime. Quantas vezes não tenho ouvido contar o que se lê no processo de um famoso assassino parisiense, Lemaire, parricida de dezenove anos: “Eu sei que sou um canalha; se alguém me disser o contrário, dir-lhe-ei que é igual a mim. Mas que importa: isso é superior a mim mesmo: continuo a fazê-lo”. E quando o Presidente do Tribunal lhe diz: “E atreve-se a confessar semelhantes sentimentos”, Lemaire responde: “Ainda que me falasse assim durante muito tempo, isso não me modificaria”.

Tullio Murri, pelo contrário, que não é um criminoso perverso, como reconheceu o próprio Ellero, perito da acusação, sente repugnância sentimental pela ação que está para cometer, mas o seu raciocínio desvairado diz-lhe que não só tem o direito, mas até o dever, de fazer o que tenciona.

E é por isso que ele, em época insuspeita, escreve ao doutor Delpiano: “Não é o senso moral que me falta, é a força de vontade”.

E é justamente contra a vontade que a obsessão ocupa o campo do pensamento.

Um ensinamento japonês

Que Tullio Murri era dominado por essas condições anormais do seu espírito, podemos nós ver, confrontando as alternativas da sua personalidade moral com as diversas circunstâncias averiguadas neste julgamento.

Toda a personalidade de Tullio Murri, como demonstrou, muito bem, o professor Morselli, é uma alternativa de exagerações e de excessos. A inteligência tem períodos de exaltação literária e estética, aos quais sucedem períodos de prostração e de torpor: a exuberância sexual chega aos excessos em que falou Raul Natali, depois tem períodos de inércia e quase de impotência. O mesmo sucede com a sua vontade: desejaria estudar e trabalhar; mas tem de confessar que o trabalho metódico não lhe é possível. Em muitos aspectos da sua mentalidade anormal, se verifica a doutrina da alma, que é a da religião do Japão, religião tão afastada da nossa que nem tem um conceito de divindade personificada, a qual sente em cada indivíduo a solidariedade panteística com o universo vivo, faz dos mortos e dos antepassados os espíritos protetores dos vivos.

Diz aquela crença religiosa: "Em todos os homens há a alma, o **Midama**", o que quer dizer *a jóia do corpo*. "A alma é dominada, sempre, por um espírito bom ou por um espírito mau. E o homem procede bem quando triunfa o espírito bom, e mal quando o tiraniza o espírito mau. Se o amigo convida o amigo para a sua casa hospitaleira, é o espírito bom que prevalece, mas se, na casa, ele atraiçoa, derruba ou mata o amigo, é o espírito mau que está por cima na *jóia do corpo*, e o homem cai."

O mesmo se deu com Tullio Murri: vive torturado pelo seu afeto pela irmã e oscila entre o espírito bom e o mau: nos períodos calmos, quando a irmã está tranqüila, quando a vida daquela malfadada família decorre no seu ritmo triste, sem graves episódios de dor, o seu espírito vive tranqüilo. E então vai para Pianora e diz: "Visto que eles se reconciliaram, posso dedicar-me ao estudo". Mas em 98 ou 99, quando Linda esteve tão doente que foi preciso levá-la para São Remo, dá-se em Tullio a primeira e mais forte manifestação dessa idéia obsessiva. Descreveu, de fato, a testemunha Cappellari, que Tullio, exaltado, lhe dissera: "Preciso de me entender com o Bonmartini para deixar de maltratar a minha irmã".

A "*via crucis*"

Baldadamente o orador da parte acusadora julgou poder encontrar contradições entre os peritos Morselli e Toselli, quando Morselli situa o episódio Cappellari em 1899, ao passo que Toselli fala em 1902, depois da reunião dos cônjuges Bonmartini, que não foi feliz.

Isso é uma interpretação errada e infiel; porque Toselli, nas suas conclusões periciais — e eu estou, nesse ponto, perfeitamente de acordo com ele —, diz que a obsessão não consegue de um só golpe afirmar-se como incoercível dominadora do espírito: apresenta-se primeiro, depois desaparece para voltar a reaparecer, chega ao máximo do paroxismo e, então, arrasta à ação. E por isso Toselli marca em 1902 o ponto culminante da obsessão tornada impulsiva e que levou à tragédia de 28 de agosto desse ano.

Pelo contrário, o professor Morselli referia-se ao alvorecer daquela idéia que vinha germinando no espírito de Tullio Murri, que um ano antes (em abril de 1901), na carta escrita a Rossi, falando de Linda, dizia: "Se pudesse acusar alguém do mal que ela sofre, ainda hoje cometeria um crime". Isto equivale a dizer que, nessa época, a idéia fixa começava a procurar concretizar-se contra alguém, como no período da obsessão persecutória em que o alucinado ouve, por exemplo, vozes que o ameaçam de morte, mas não sabe ainda a quem atribuí-las; e quando, acidentalmente, as considera obra de certa pessoa, essa passa a ser o seu inimigo mortal e acabará por matá-la, na louca convicção de que procede em legítima defesa.

Portanto, em abril de 1901, estava Tullio Murri no exórdio longínquo e quase evanescente dessa idéia obsessiva, que, então, não se personificava em Bonmartini, nem em qualquer outra pessoa, mas que provinha, unicamente, do seu excessivo afeto pela irmã. E é assim que, pouco a pouco, contrariamente ao seu sentimento, que lhe diz que labora em um erro, mas graças ao sofisma da idéia fixa, é levado a cometer o crime. E, na verdade, podemos, através do que consta do processo, determinar os sucessivos passos dessa *via crucis*, percorrida tanto pela vítima quanto pelo autor da tragédia que nesta sala finaliza.

Poucos meses depois da carta escrita a Rossi, em novembro de 1901, escreve Tullio, de Mônaco, a Linda: "Mais dia menos dia, terá de ajustar contas comigo" — e o mês de novembro de 1901 sucedia ao período, de abril a novembro de 1901, em que Linda estivera gravemente doente, com uma nefrite, depois de ter tido uma doença de olhos: e a nefrite não é uma doença, como a dor de cabeça ou de dentes, que possa simular-se e que fuja à investigação técnica do médico assistente.

Pouco depois, em março de 1902, estamos já no ponto culminante dessa obsessão. Linda regressa de Zurich sem albumina nas urinas, mas no regresso tem uma recaída de hematúria (outra doença impossível de simular) e Tullio é, de novo, dominado pela obsessão do afeto fraternal, pela obsessão protetora da irmã "que está à morte". E então, porque o seu senso moral pode ainda resistir e dominar a idéia obsessiva, trabalha para obter a reunião dos cônjuges, porque quer salvar Linda, pois a reunião da irmã com o marido é a condição natural para assegurar a Linda a convivência com os filhos, sem a qual ela morreria, visto que não pode suspeitar-se do afeto maternal de Linda — e demonstrou-o, quando, na aldeia, só pelo fato de ter recebido um cartão dos filhos, Linda teve uma recrudescência de nefrite, verificada pelo exame clínico e químico.

Nessa época, Tullio Murri preocupa-se com a reconciliação conjugal e dedica-se inteiramente a ela, apesar do pai não ter fé nos seus resultados. Mas, ainda por cima, a reunião conjugal não consegue assegurar os filhos a Linda, porque, em fins de julho, Bonmartini resolve ir para Pádua com eles, apesar da combinação feita estabelecer que os filhos deviam estar sempre com a mãe. Tullio é, então, dominado por outra idéia obsessiva; e pensa: "O responsável sou eu, duplamente responsável até, porque se a reunião não deu resultado, a culpa foi minha; portanto, também sou responsável pela morte inevitável de minha irmã".

O seu pensamento é, assim, todo feito de espasmos, sem possibilidades de resistência.

Tullio Murri escreve, então, ao dr. Secchi a carta comprometedora, que a acusação pública e privada tentaram dizer que foi escrita em fins de abril, quando não houve, nessa altura, qualquer fato que tivesse cravado o acúleo da dor em Tullio Murri; mas o meu colega Palberti já lhes demonstrou que, como se conclui de uma carta de Pacini a Secchi, a carta de Tullio Murri a Secchi é dos primeiros dias ou dos meados de maio, isto é, como resulta do diário do próprio Bonmartini, depois de ser dado a primeira e desagradável manifestação de desarmonia entre os cônjuges reunidos.

É essa a verdade incontestável: sempre que no espírito de Tullio Murri se dá uma recrudescência da idéia obsessiva, essa corresponde a um agravamento para pior das condições de saúde ou da situação familiar da irmã. Tanto é verdade, que em junho de 1902 Tullio deixa de ter a idéia da violência e da morte e vai estudar para Pianora: e por quê? Porque Linda escreveu a Tullio, em 27 de julho de 1902, uma carta que está no processo, em que fala na completa paz entre ela e Bonmartini e entre esse e a família paterna do professor Augusto Murri.

Mas, além disso, está nos autos uma carta de Bonmartini a Tullio, escrita em 1º de julho de 1902, agradecendo-lhe a sua ação conciliadora, na qual Bonmartini convida Tullio a ir visitá-lo. Tullio promete ir, mas só vai em 13 ou 14 de agosto: vai, mas não fala a Bonmartini do lugar de assistente universitário junto do professor Murri, que era o grande desejo do cunhado; por isso, um ou dois dias depois, dá-se a cena da cadeira entre Bonmartini e Linda, e Tullio recebe essa punhalada no coração e escreve a Linda: "Sou tão infeliz que, em vez de te fazer bem, levo a tortura e o desespero do teu espírito". E apesar disso, ainda consegue distrair-se. Em 17 de agosto escreve ao dr. Tilosi a carta em que fala da sua ida para a Alemanha; em 21 de agosto fala à testemunha ourives Guidazzoli em mandar fazer um anel; em 23 de agosto, Leonilda Ferro sabe que Tullio vai para a Alemanha e em 24 Tullio vai a Rimini, apesar de saber que, nesse dia, Bonmartini deve vir a Bolonha. Isso equivale a dizer, portanto, que Tullio, nesses dias, não estava tão dominado pela idéia obsessiva, que não pudesse libertar-se dela, com o auxílio do senso moral que a repudiava.

Mas, em 25 de agosto, recebe em Rimini a carta desesperada de Linda, dizendo que a mudança para Bolonha, resolvida por Bonmartini, *lhe causará a morte*.

Chegamos, então, ao vórtice da ação; estamos a 26 e a 27 de agosto; Tullio Murri perde, completamente, o sentido da realidade humana; perde todo o seu equilíbrio mental e toda a orientação e norma da vontade, e precipita-se na tragédia de 28 de agosto.

A apreciação humana do fato

Não compete a mim fazer a análise dos fatos na sua seqüência, mas, tão somente, indicar o critério humano para apreciação da personalidade de Tullio, para que, através dele, possam julgar e avaliar esses fatos, e, por isso, não me demorarei a falar nos vários episódios desse terrível dia 28 de agosto. O colega Palberti já o fez em grande parte e outros o completarão; a mim só me cabe apresentar, à luz da personalidade de Tullio Murri, a explicação e valorização dos mesmos fatos, porque se a parte acusadora tem razão quando diz que a verdade é o fato, também nós temos razão quando dizemos que a justiça é a explicação e a apreciação dos fatos.

Antes de mais nada, como é o fato? É que o fato, para se delimitar e precisar na sua fisionomia concreta, exige um trabalho analítico e de crítica, especialmente em um processo judiciário como este. Mesmo depois de se ter estabelecido a materialidade do fato, se não tivermos o conhecimento da capacidade para delinqüir, do móbil para delinqüir, da causa para agir, estaremos como cegos diante da brutalidade do fato material. Por isso é que eu só examino o fato de 28 de agosto sob esse ponto de vista: que Tullio tenha ficado ou tenha saído, que o fato se tenha dado antes de Tullio ter descido às 6:30, ou se tenha dado às 6:30 e depois dele ter saído, ou tenha sido por volta da meia-noite, as condições anormais da vontade e do cérebro, em Tullio Murri, são sempre as mesmas.

Porque se ele agiu nessa noite, depois de 14 horas de expectativa febril e de quase jejum, que passou fechado no quarto de Bonmartini, se as condições de paroxismo se apresentaram, uma hora ou cinco horas depois, isso não impede, antes, até confirma, que voltou a apoderar-se dele o turbilhão da sua obsessão. E ainda debaixo do meu ponto de vista, quaisquer hipóteses para precisar a sucessão cronológica dos fatos, estão fora da minha missão, pois que eu devo estudar unicamente os fatos de 28 de agosto à luz da personalidade de Tullio Murri.

Só farei uma única observação a respeito do fato material, porque ela se refere, com sintomático relevo, à própria personalidade do acusado.

Basta refletir um pouco na modalidade do fato criminoso, para ver todo o seu caráter louco e anormal. Mas como se pode pensar no curara para matar um homem? O curara nunca é empregado pelos criminosos, porque é um veneno difícil de ministrar, sendo preciso injetá-lo. Se se tratasse de matar uma criança, bastaria uma simples picada. Mas para um homem forte e robusto como Bonmartini, seriam necessárias nada menos de dez injeções, para produzir a morte com aquela solução de curara!... E então, além do curara e respectiva seringa e garrafa, levam-se as saquinhas com cartuchos de caça, tenham ou não sido lembrados pela Tisa Borghi.

Tudo isso, é claro, tem já em si os estigmas da anormalidade mental, revela um pensamento verdadeiramente desvairado, mas não basta, porque além do curara e dos cartuchos, Tullio leva uma navalha e um punhal. Ora, tudo isso não demonstra, só por si — tanto no seu aspecto de ação subjetiva, quanto na sua preparação material —, que se trata do parto de um cérebro anormal e desequilibrado?

Ação paroxística

Tullio esteve 14 horas sem comer, fechado no quarto de Bonmartini, esperando febrilmente que ele chegasse, no paroxismo de que temos a fotografia falada nos exames dos peritos da acusação Pellacani e Cavazzi.

Respondendo ao quarto quesito, dizem aqueles peritos: "Desde então, depois do golpe no esterno, a ação precipitou-se, quase fulminante, os golpes seguiram-se cegamente, paroxisticamente, uns aos outros; em menos tempo do que é preciso para dizê-lo, tudo acabara. Ora, é precisamente o paroxismo da ação que caracteriza a anormalidade mental daquele que age nessas condições, ao passo que o criminoso perverso, que tem no espírito um meio único, um plano simples, firme, definido, realiza-o friamente. Portanto, a própria fisionomia do fato, o paroxismo, que os peritos oficiais tiveram de descrever, faz a prova da anormalidade das condições mentais em que Tullio Murri agiu. E a própria multiplicidade dos ferimentos se torna um novo sintoma e confirma esse paroxismo, porque o grande número de ferimentos é uma das características dos homicídios cometidos por desequilibrados mentais.

Publiquei há anos um livro sobre o *Homicida*, em que se documenta como o homicídio é cometido pelos delinqüentes comuns e perversos e como o cometem os desequilibrados mentais. E precisamente entre os aspectos que caracterizam os delitos cometidos pelos desequilibrados mentais, coloquei a violência paroxística na multiplicidade dos golpes, como resulta de uma série de algumas centenas de exames médico-legais, registrados nos anais judiciários e que eu cataloguei para documentar a maneira de agir desses desequilibrados.

Eis alguns exemplos:

— Grillaud vai ter com a irmã: ataca-a e dá-lhe 64 navalhadas. — Piednoir mata o pai e a mãe, mutilando horrivelmente os cadáveres.

— B. (histérica) fere a mãe com uma tesoura: aparecendo uma vizinha que a desarma, volta a bater com uma caçarola na mãe, que caíra por terra. — O colega Tozzi di Lanciano deu-me cópia de uma minuta sua, a favor de um camponês, Colaneri, que, de noite, em sua casa, matara a mulher com 28 machadadas, na presença dos filhos.

Também em agosto de 1904 os jornais de Turim falaram em um tal Giovanni Ravera, falecido há pouco no manicômio, que dizia, rindo, à irmã, que tinha vontade de matá-la. Efetivamente, quando ela se deitou, ele entrou-lhe no quarto e crivou-a com mais de 30 navalhadas.

É assim o paroxismo da ação, que os peritos oficiais reconheceram no fato de 28 de agosto, pelos traços materiais descobertos no cadáver do infeliz Bonmartini: a multiplicidade dos ferimentos provam esse paroxismo e, por isso, os dois ou três ferimentos sobrepostos são a prova das condições em que se encontrou o assassino, que era vítima de uma obsessão e de um desequilíbrio mental.

Enfermidade mental parcial

E depois disso, senhores jurados, pode a parte acusadora insistir sobre o comportamento de Tullio Murri depois do crime, acerca dos seus gestos e atos, a que chamou "truques satânicos". Mas esse procedimento só pode criar uma corrente de repulsa no espírito de quem considere apenas a materialidade do fato, sem deduzir a sua explicação das condições anormais desse desgraçado. Em dois aspectos do seu espírito se encontra a explicação desse procedimento: primeiro, na preocupação altruísta de evitar o escândalo, a desonra, para o nome da irmã, para o nome glorioso do pai; depois, sobretudo, nas condições anormais da sua mentalidade, porque ele sabe o que faz, porque Tullio não é um louco sem consciência, não é delirante nem maníaco, mas Tullio não tem, ou se tem é muito diminuída, aquilo a que a lei chama "a liberdade de ação".

A lei, nos artigos 46º e 47º do Código Penal, diz que a responsabilidade do autor de um delito pode faltar ou ser diminuída pela falta ou diminuição nele da consciência ou da liberdade de agir.

Para que o benefício daqueles artigos seja aplicável, não é necessário que ambas essas condições estejam obscurecidas ou paralisadas no espírito de quem age de maneira criminosa. Pode o homicida não ter a consciência dos atos que pratica durante um ataque epiléptico ou do delírio maníaco, e então é absolvido. Mas pode um homicida ter consciência do que faz e, no entanto, não ter liberdade de ação. E também neste caso, o Código aplica o mesmo benefício. Na verdade, para explicar as palavras *enfermidade mental*, que se lêem nos artigos 46º e 47º, o ministro Zanardelli, no seu relatório sobre o nosso Código, diz que "a palavra *mente* é empregada no seu mais amplo significado, compreendendo-se nela todas as faculdades psíquicas do homem, congênitas e adquiridas, simples e compostas, desde a memória à consciência, da inteligência à vontade, do raciocínio ao senso moral".

Logo que uma dessas faculdades do homem esteja paralisada, desviada ou deformada pela tirania desta ou daquela forma de desequilíbrio mental, a aplicação dos artigos 46º e 47º surge como conseqüência moral e legal.

É, por isso, inútil que a parte acusadora venha aqui dizer, ironicamente, que os peritos não podiam desfazer, com a argumentação científica da obsessão, o fato do assassino que põe as cuecas ao lado do cadáver ou faz qualquer coisa parecida. Essa objeção da parte acusadora teria fundamento se nós tivéssemos sustentado que Tullio é um louco delirante ou maníaco, que tenha agido sem consciência.

Mas, senhores jurados, se nós tivéssemos afirmado isso, seriam os senhores os primeiros a dizer-nos: — Senhores defensores, nós vimos Tullio com os nossos olhos, também o sabemos julgar, vimos os seus gestos, ouvimos descrever os seus precedentes, observamos a sua personalidade; não podem, por isso, dizer que ele é um inconsciente. — E teriam inteira razão.

Mas nós dissemos, porque é essa a triste verdade dos fatos, que ele sabia o que fazia, tinha consciência dos seus atos, tinha, até, a desaprovação do sentimento, e apesar disso, pela obstinada representação e progressivo reforçamento de uma idéia fixa obsessiva, ele chegou ao paroxístico desequilíbrio mental em que praticou o crime de 28 de agosto e continuou, depois disso, a ter o procedimento que a parte acusadora ironicamente descreveu.

E é assim, senhores jurados, que eu chego ao fim das minhas considerações acerca das condições em que Tullio Murri agiu em 28 de agosto.

Repito, que devo aqui fazer minhas as conclusões dos três peritos da defesa, aos quais é inútil que eu dirija as minhas palavras de admiração e de elogio, porque eles têm em si mesmos, no seu nome, na integridade da sua vida profissional, no patrimônio científico que deram ao seu país, os seus títulos de honra e a sua autoridade e credibilidade. Henrique Morselli eleva bem alto e bem longe, para fora dos limites da sua pátria, o nome da jovem ciência italiana; o dr. Toselli é bem conhecido aqui, na sua cidade, e por nós, que há muitos anos somos seus amigos e admiradores, pela integridade da sua vida, pela profundidade humana e piedosa do seu pensamento, que quase com a previsão paterna indicava em Tullio Murri, guiado pelos seus conhecimentos científicos, a tempestade da dor e o desequilíbrio do espírito desventurado.

É nessas conclusões dos peritos que nós nos louvamos, depois de termos recordado os elementos de fato, através dos quais se pode reconstruir a personalidade de Tullio Murri, que, apesar do homicídio por ele cometido, não é a de um criminoso feroz e perverso.

E estamos certos de que os senhores jurados hão de acolher no seu *veredictum* as palavras do professor Morselli, as palavras do dr. Toselli e as do jovem dr. Treves, que nos deu provas do seu valor, ele, que, nas cadeias, estudou durante longos meses a personalidade de Tullio Murri, ele, que, como o outro ilustre perito, o professor Leonardo Bianchi, que, por ser atualmente ministro, não tivemos o prazer de ouvir nesta sala, chegou à mesma conclusão, de que "em Tullio Murri, a liberdade de ação foi fortemente enfraquecida pela condição obsessiva em que se encontrou".

Senhores jurados, o Presidente vai apresentar-vos dois quesitos acerca da responsabilidade de Tullio Murri, no que se refere às suas condições mentais: um a respeito da enfermidade mental total, sobre a qual não insistimos, e outro acerca da enfermidade mental parcial, que os nossos peritos, demonstrando como quiseram ser escrupulosos e severos, deixaram subordinada às suas conclusões. E acerca da verdade dessas conclusões, tivemos uma confirmação na réplica que ao professor Morselli fez Ellero, acabando por afirmar que Tullio Murri "não é um criminoso".

E Ellero terminou, dizendo: "Os peritos dos peritos são os senhores jurados". Com essas palavras queria dizer: — Com as nossas conclusões técnicas elucidamos a personalidade de Tullio Murri, na parte sentimental e na parte intelectual; compete agora aos senhores, na sua consciência de homens inteligentes e honestos, com os fatos por nós reunidos e coordenados, julgar e responder aos quesitos que o Presidente lhes vai apresentar.

A premeditação

Finalmente, senhores jurados, aquelas condições de anormalidade mental devem guiá-los, mesmo nas respostas a dar aos outros quesitos e, sobretudo, ao que se refere à premeditação, que a acusação sustenta.

À primeira vista, parece absurdo não admitir a premeditação em Tullio Murri. Mas devemos entender-nos: se por premeditação se compreende, como na linguagem comum da comum conversação, "o ter pensado antes", evidentemente diremos que Tullio pensou na morte do cunhado antes do crime. Mas a premeditação que, no nosso Código, tem conseqüências penais tão terríveis, como seja elevar a pena ao máximo, essa premeditação deve ser coisa diversa do "ter pensado antes". Esse problema tem preocupado altamente a ciência: e a legislação italiana acabou por, no Código vigente, renunciar a dar uma definição legal da premeditação, deixando à consciência dos juízes togados ou populares decidirem se ela existe ou não em cada caso.

Ora, no Código anterior ao atual, a premeditação era assim definida no artigo 528º: "A premeditação consiste no desígnio, formado anteriormente à ação, de atentar contra a vida de uma pessoa determinada ou mesmo indeterminada".

Naquelas palavras "desígnio formado" cabem, implicitamente, as duas condições que os criminalistas e os juízes consideram necessárias para que haja premeditação no sentido legal: isto é, a calma e o sangue frio.

Nesse sentido, o presidente do Senado, professor Canonico, que, durante muitos anos, ocupou, brilhantemente, a cátedra de direito penal em Turim, nos trabalhos preparatórios do Código Penal, fez uma proposta, destinada a precisar bem que a premeditação só existe quando há um pensamento frio e decidido e um espírito calmo, e não existe quando o pensamento é oscilante ou emocionado.

Por isso, o ministro Vigliani, no seu projeto de Código, inspirado no rigorismo penal, substituía as palavras "desígnio *formado*", pela fórmula "desígnio *firmado*", justamente para indicar que o pensamento daquele que age deve ser firme e decidido.

Portanto, se no espírito de quem comete um crime há oscilações, indecisões, falta de calma e de frieza, pode haver premeditação no sentido empírico da palavra, porque pensou no crime antes de cometê-lo, mas não há premeditação no sentido que a lei exige e deve continuar a exigir.

Não me esqueço de que sou professor de direito penal e, por isso, fico por aqui, pois não quero converter as palavras do advogado na lição do professor. Citarei apenas um autor, a quem, certamente, até o Ministério Público dará grande autoridade, porque foi um brilhante ornamento do corpo a que pertence: Crivellari, antigo Procurador Geral junto do Tribunal de Cassação de Turim, que no comentário ao Código Penal, falando da premeditação, exprime conceitos ainda mais restritos do que aqueles que acabo de expor.

O Procurador Geral Crivellari, depois de ter recordado que em um dos projetos do Código Penal se definia a premeditação "quando o acusado formou e friamente meditou, antes do fato, o desígnio de matar", diz: "A três critérios diferentes devemos recorrer para determinar a premeditação: o critério *psicológico*, isto é, o estado de espírito do delinqüente, a sua frieza; o *cronológico*, isto é, o intervalo de tempo mais ou menos longo entre a determinação e a ação; o *ideológico*, ou seja, a reflexão e a formação do desígnio. Mas — acrescenta ele — há ainda um outro critério, e mais importante que os anteriores, o qual se refere à natureza dos motivos que impelem ao crime". E conclui: "Porque, para se poder admitir a premeditação no domínio do nosso Código, devem concorrer os seguintes elementos: 1º, reflexão; 2º, um intervalo de tempo entre a determinação e a ação; 3º, uma certa tranqüilidade de espírito; 4º, um móbil *indigno de indulgência* e que revele perversidade ou vileza de espírito".

E, portanto, quanto a Tullio Murri, se é certo que ele pensou antes de cometer o crime, quando tenham de responder ao terrível quesito sobre a premeditação, devem ver não só se ele tinha um espírito calmo, se tinha um pensamento firme e preciso, mas também devem pensar no móbil que o determinou e o levou à violência da ação, porque, para se poder admitir a premeditação em sentido legal, devem concorrer as seguintes condições: a calma do espírito, o intervalo de tempo, a reflexão e o móbil, que indique perversidade ou vileza.

Se é esse o pensamento e o ensinamento do Procurador Geral Crivellari, que, na sua mentalidade de jurista, não perde o rigor das suas funções de acusador público, eu creio que não é preciso gastar mais palavras para demonstrar que, em Tullio Murri, faltou a calma, faltou a reflexão, faltou, sobretudo, o móbil indigno, revelador de perversidade ou de vileza.

Intensa dor

E uma outra razão, em virtude da qual não devem admitir a premeditação no sentido legal, é esta: se é verdade tudo o que eu até aqui tenho dito e que veio à luz no julgamento — e não por artifício de retórica da minha parte —, é, portanto, exato que Tullio Murri agiu em um estado de intensa dor. É essa definição verdadeira que completa a explicação do ato miserando e lutuoso praticado por Tullio Murri. E é essa condição que se encontra registrada no outro quesito que o Presidente submeterá à vossa apreciação, referente à responsabilidade do acusado.

Tullio Murri não agiu para roubar, não agiu por ódio, não agiu por interesse egoísta e pessoal. Tullio Murri agiu, unicamente, por um desmesurado afeto pela irmã: e a esse afeto, ele, novo rico, com um nome glorioso, tendo na sua frente um futuro brilhante, que já começara para ele na luta da vida pública, a esse afeto tudo sacrificou, por aberração de um espírito desequilibrado pela obstinada obsessão de dolorosas circunstâncias; sacrificou a honra de um nome célebre, sacrificou o próprio futuro, a riqueza, a paz de espírito, a esperança de uma nova família.

Só a violência da dor justifica tamanho sacrifício e só a sua intensidade explica um ato tão contrário ao seu caráter bom e generoso.

E é pelo impulso da dor que termina as suas conclusões o perito da acusação, dr. Ellero, o qual, nos termos do artigo 51º do Código Penal, como faz o artigo 47º para a semi-enfermidade mental, produz apenas uma diminuição de pena.

Porque já sabem agora os senhores jurados que o artigo 51º, como revela Crivellari no seu comentário, compreende duas hipóteses bem diversas: o crime cometido na impetuosidade da cólera, produzida por uma provocação injusta e o crime cometido sob o domínio de uma intensa dor.

E o grande Carrara observava que o *ímpeto de dor*, posto em antítese com o *ímpeto de cólera*, leva a examinar o estado do espírito mais no momento da sua gênese, ou seja na sua paixão, do que no momento da ação criminosa. E acrescenta que do ímpeto de dor deve excluir-se qualquer idéia de *dor física*. A *intensa* dor do Código, como também explica Crivellari, é a dor moral e refere-se não só à pessoa de que se trata, mas também às pessoas que lhe são queridas.

"Sempre que a paixão", diz Carrara, "não está interessada por ofensas que recaem sobre a *nossa própria personalidade*, mas que caem sobre qualquer objeto do nosso legítimo afeto, deve substituir-se a fórmula *ímpeto de cólera*, pela fórmula *dor intensa*". É esse, evidentemente, o verdadeiro e incontestável aspecto da responsabilidade de Tullio Murri.

Nem pode constituir dificuldade o fato de Tullio Murri ter, durante meses, oscilado à volta do propósito criminoso, sob o domínio daquela obsessão, porque o próprio ministro Zanardelli dizia, no seu relatório, que a escusa da dor intensa pode, conforme os temperamentos, prolongar-se até durante um tempo muito superior, por exemplo, ao de uma rixa por impetuosidade imediata. De fato, Zanardelli diz, como refere Crivellari: "A experiência demonstra que a justiça se encontrou em dificuldades, na aplicação do Código de 1859, sempre que a ação criminosa não era resultante de uma explosão instantânea de cólera contra uma injúria recebida, mas, pelo contrário, a conseqüência de uma grave e dolorosa ofensa feita em outra ocasião e talvez há já muito tempo, a qual, assediando e incitando o espírito ulcerado, ou apresentando-se mais viva no cérebro, em dado momento, determina imprevistamente o crime. Não podia, nesse caso, dizer-se que o criminoso estava encolerizado, pois que uma das características desse estado é seguir *imediatamente a injúria*; e, em semelhantes casos, conceder apenas circunstâncias atenuantes de caráter geral, seria um benefício bem ligeiro em proporção com a gravidade do caso.

São essas as palavras do ministro, as quais nos confirmam que, pelo menos a atenuante especial da dor intensa, deve ser concedida a Tullio Murri, se a vossa consciência pretende tranqüilizar-se com a definição moral e legal do fato por ele praticado.

O egoísmo não foi o móbil

Tullio Murri agiu com um móbil altruísta, e não por interesse pessoal, e não por útil egoísmo; foi conduzido à ação pelo seu afeto extraordinário pela irmã; não teve o critério necessário para ver que os remédios para a desventura não vão procurar-se na violência contra aqueles a quem atribuímos a responsabilidade dessa desventura. Foi vítima de um desequilíbrio mental: devem, por isso, afirmar que o seu desequilíbrio foi a razão dessa imensa desventura, desventura para Bonmartini, desventura para a família Murri, desventura para os filhos, desventura para todos aqueles que já há três anos suportam o martírio deste processo.

E por isso, senhores jurados, eu creio ter apresentado neste julgamento, com a sinceridade da convicção e com a força indomável da verdade nascida da discussão pública, através de documentos escritos em época insuspeita, a imagem exata do espírito deste desgraçado. E é por isso que julgo poder repetir mais uma vez, que a atmosfera miasmática de prevenções e de repulsa, que ainda há pouco tempo, ao iniciar-se esse julgamento, se formara à volta de Tullio Murri, que essa atmosfera, repito, se tem ido saneando, a pouco e pouco, na consciência de todos vós, de maneira que, mercê da eloqüência dos fatos, a figura de Tullio Murri tem, lentamente, emergido do inferno dantesco em que fora lançado pela tempestade avassaladora das paixões públicas.

Tullio Murri matou e por isso está na vossa presença, como personificação de uma grande desventura humana; mas Tullio Murri não é a imagem do assassino, do criminoso perverso; Tullio Murri é um moço bom e generoso, que tinha diante de si um futuro de riqueza e talvez de glória, e que lançou tudo isso no báratro para onde foi arrastado pelo seu imenso afeto pela irmã.

Com o vosso *veredictum*, direis que a Itália tinha, efetivamente, razão para se comover com esse crime, mas direis, também, que o julgamento destruiu as mentiras e os exageros, as deformações de boa ou de má-fé, que à sua volta se tinham vindo acumulando.

Com o vosso *veredictum*, direis que Scipio Sighele tinha razão em recordar-me que, nos meus 25 anos de ensino universitário, sempre disse aos meus jovens companheiros de estudo — a quem damos a melhor parte do nosso espírito —, que a primeira distinção a fazer entre os homens é aquela que os divide em honrados e criminosos.

Mas Scipio Sighele devia acrescentar que toda a minha obra de ciência e de vida, tende, porém, a sustentar que, para julgar se um homem é honrado ou criminoso e, quando criminoso, para julgar como e até que ponto o é, se torna necessário considerar o móbil das suas ações, o espírito que inspirou os fatos por ele praticados. E nós, criados em pleno materialismo, vamos, assim, espiritualizando a justiça penal entre os homens, porque queremos dizer à justiça penal que, se fechar os olhos às exterioridades mais repulsivas e repugnantes do crime, deixa de ser justiça completa, porque essa precisa de concluir dos fatos o caminho percorrido pelo seu autor, penetrando, assim, no espírito daqueles que se deixaram arrastar às ações criminosas, para apurar os móbiles e as condições espirituais destas.

O fato de 28 de agosto é, indiscutivelmente, deplorável, doloroso e repugnante: mas o móbil que o determinou em Tullio Murri não levanta a chama venenosa do ódio e da vingança, nem o clarão da severidade inexorável, que levou o Ministério Público a pedir a condenação, mas antes o brilho do sentimento humano da piedade e da compaixão!

"A cruz"

Por isso temos fé que, no vosso *veredictum*, reduzindo às proporções da verdade a responsabilidade de cada um dos atuais acusados, especialmente no que a Tullio Murri diz respeito, afirmareis as condições anormais da sua pessoa, que são a única explicação humanamente possível dos fatos por ele praticados.

O vosso *veredictum* dirá que, nesses fatos, mais do que a abjeção má e perversa, teve intervenção a desventura e a dor. Julgo que sentireis, realmente, no vosso coração nobre e honesto, aquela palpitação de humana piedade, que o grande artista Leonardo Bistolfi modelou na sua última e genial criação escultória.

Quando, há já alguns meses, admiramos no *atellier* de Leonardo Bistolfi, o seu grande e maravilhoso grupo: *A Cruz*, que, agora, recolhe em Veneza as homenagens e louvores de todo o mundo civilizado, vimos a grande expressão da verdade humana naquele grupo palpitante de criaturas, que o cinzel de Leonardo Bistolfi deu ao céu radioso da arte italiana. *Todas as idades e todas as condições da vida humana arrastam, sem a ver, a sua Cruz*: é esse o pensamento do artista. Lembram-se, certamente: no alto relevo palpitante e sugestivo, a Cruz da dor e da desventura está ao alto e pesa sobre todos os seres humanos, desde o lavrador musculoso ao pensador meditabundo, desde os dois amantes inebriados até à mãe que tudo dá ao espírito dos filhos, desde a virgem até às criancinhas que encontram no caminho um homem que chora... Sobre todos pesa a Cruz, aquela Cruz que Jesus, por amor dos homens, levou para o Calvário, e que todos nós arrastamos pelo calvário da nossa vida!

Fareis justiça: mas não condenando, como pediu o Ministério

Público, porque as suas palavras estavam ainda impregnadas de vingança e de violência. Vós, que sentis palpitar no vosso espírito e no vosso coração a vida da humanidade sofredora, ao julgar a personalidade de Tullio Murri, arrastado por um imenso afeto ao sacrifício de toda a sua existência, querendo ser justos, sereis humanos!

Disse.

Calúnia e letras falsas

Defesa de Carmine Fischetti

(Tribunal Criminal de Lucera)

Senhores jurados, Ilustres membros do Tribunal:

Sendo o último a falar em defesa de Carmine Fischetti, pela vossa conscienciosa atenção a todo o debate judiciário e depois da discussão da causa, tão brilhantemente sustentada ontem pelos meus colegas da defesa, sinto que, no vosso espírito, já está determinado o *veredictum* a proferir. E eu poderia até renunciar à palavra, para evitar, assim, a Carmine Fischetti, mais um atraso na reconquista da sua liberdade honrada, que durante tantos meses de espasmódico martírio, para ele e para a sua família entristecida, tem sido tão dolorosamente retardada.

Mas é meu dever responder aos argumentos que o ilustre acusador público expôs aqui, obstinando-se no pedido de condenação de Carmine Fischetti. É dever meu dizer-vos a minha sincera, simples e positiva impressão acerca desta causa, lamentando, apenas, não poder igualar aquele atleta do foro napolitano e italiano de quem vim ocupar o lugar, unicamente porque ele está retido por um gravíssimo e demorado processo, no Tribunal Criminal de Nápoles, o advogado Gaetano Manfredi, que foi o primeiro defensor de Carmine Fischetti, quando neste Tribunal, no ano passado, esse julgamento foi adiado por suspeitas de falsidade contra algumas testemunhas.

Logo que eu acabe de falar, o senhor Presidente há de fazer-vos duas perguntas, às quais se resume, atualmente, a decisão judiciária do destino de Carmine Fischetti.

Primeira pergunta: Carmine Fischetti é culpado de ter dolosamente caluniado os herdeiros de Giuseppe B., com uma querela apresentada à autoridade judiciária, atribuindo-lhes um crime de que os sabia inocentes? Isto é: Carmine Fischetti é um caluniador, não só no sentido genérico da moral humana e social, mas também no sentido preciso e concreto da lei penal?

Segunda pergunta: O crime de que Carmine Fischetti acusou os herdeiros de B., era o crime de uso consciente de quatro letras falsas de cinco mil liras cada uma?

A isso se resume, senhores jurados, o vosso *veredictum*, no qual, estou certo, não se chegará a discutir a segunda pergunta, porque a resposta dada à primeira afirmará que Carmine Fischetti não é um caluniador, mas um caluniado, vítima da intriga e da canibalesca cobiça dos outros. E quem, pela primeira vez, ouvisse a discussão desta causa, ao ter conhecimento de que ela se resume naquelas duas perguntas, só poderia pensar: — Trata-se, portanto, de um caso muito simples; duas perguntas!

As causas complicadas comportam, usualmente, dezenas de quesitos!

Uma boceta de Pandora

Este processo é, portanto, simples, fácil e claro.

A verdade é que nós todos, os senhores, como juízes, nós como defensores e o Tribunal inteiro, no decorrer deste segundo julgamento de Carmine Fischetti, devemos ter sentido, até, renovar-se no nosso espírito, a todo o momento, o contraste vivo e palpitante entre a simplicidade do problema judiciário que o vosso monossílabo decidirá e a estranha e romanesca complicação de suposições e de suspeitas, de acusações e de intrigas, à volta do núcleo primitivo, entretecendo a rede pavorosa e dolorosa, não só deste, mas de mais quatro ou cinco processos. E a urdidura e o incentivo dessa complexidade processual, foram esculpidos de forma romanesca nas afirmações com que o egrégio representante da acusação pública terminou o exórdio do seu discurso.

Disse o acusador público: — O presente processo resume-se nisto: o acusado Carmine Fischetti *não quis pagar o preço do crime*, recusando-se a reconhecer como suas as quatro letras de 5.000 liras cada uma, que os herdeiros de B. lhe apresentaram a pagamento.

Isto é, segundo a acusação, Carmine Fischetti, negando-se a reconhecer como suas as assinaturas das quatro letras, abriu uma terrível boceta de Pandora, da qual saíram uma infinidade de suspeitas, de acusações e de processos crimes. Já conhecem bem a história judiciária, que o meu ilustre colega Carallucci, que falou antes de mim, expôs com tanta lucidez. Já sabem que, antes deste processo, que têm de decidir, houve outros; mas devem ter, também, observado que este julgamento é *o primeiro, desta longa e complicada série dolorosa, que veio até à luz da discussão pública*, porque todos os outros, à exceção de um, ficaram encerrados no segredo da instrução.

Principia-se em 1879, com o processo por tentativa de homicídio do arcipreste A., que terminou com um despacho em que se reconhece não haver lugar a procedimento criminal contra Giuseppe B., proferido pela Câmara de Conselho; surge depois, já mais perto de nós, o processo por falsificação de letras contra Miguel V., o qual terminou com um despacho idêntico, sem chegar ao julgamento; em seguida, veio o processo por uso consciente de letras falsas, contra os herdeiros de Giuseppe B., e ainda este terminou no segredo da instrução; sucedeu-lhe o processo, por instigação ao homicídio, contra Carmine Fischetti, em 1889, e também esse processo, em que Carmine Fischetti era acusado de ter dado ordem a Giuseppe B. para matar o arcipreste A., terminou no segredo da instrução, com a afirmação do Ministério Público, que dizia não ser possível punir por se ter dado a prescrição da ação penal. E a esses processos seguiram-se as duas instruções deste atual processo contra Carmine Fischetti: a primeira terminou com a promoção do Ministério Público, em acordo com o despacho da Câmara do Conselho, que considerava Carmine Fischetti réu de calúnia. Mas, em conseqüência de um requerimento do Procurador Geral Chapron, a Seção de acusação ordenou uma segunda instrução neste processo, que, finalmente, em junho do ano passado, veio a julgamento. Em virtude, porém, do seu destino eterno, quando os jurados de então estavam para proferir o seu *veredictum*, uma suspensão, proveniente de um processo por falso testemunho, fecha Carmine Fischetti, por mais um ano, no horror e no segredo do cárcere.

Chegou, finalmente, agora, o julgamento público; e se tem havido razões para nos felicitarmos pela conquista que os nossos maiores fizeram, há mais de um século, impondo que o segredo da inquisição judiciária fosse substituído pela discussão pública, a presente causa é uma delas, porque vimos a monstruosa e tenebrosa rede de suspeições e de falsos indícios, logo que recebeu a luz do sol deste julgamento, fugir e dissipar-se diante do raio de luz, que revela onde está a verdade, onde está a falsidade e onde está a intriga.

Da mesma forma o gênio de Shakespeare simbolizava no *Hamlet*, de acordo com a lenda popular, que as alucinações, em que o príncipe louco via o fantasma do pai, revelando-lhe o crime praticado, se desvaneciam com o cantar do galo, percursor do raio cor-de-rosa do sol ao despontar. Assim como o cantar dos galos punha em fuga os fantasmas e os sonhos maravilhosos do cérebro de Hamlet, da mesma forma o julgamento público, com o raio de sol da discussão pública, aniquilou todas a acusações falsas que os inimigos de Carmine Fischetti acumularam à sua volta, e fez brotar, viva e irresistível, a verdade da sua inocência, que terá a sua solene, esperada e reparadora consagração, no vosso *veredictum*.

Além disso, neste processo, como já o demonstraram com as perguntas agudas e profundas que, de audiência em audiência, um ou outro dos senhores jurados ia fazendo, procurando separar a verdade das trevas das reticências ou das intrigas, neste processo, sabem-no perfeitamente agora, são dois os protagonistas: o acusado Carmine Fischetti e a testemunha de acusação, o arcipreste A.

Riqueza e trabalho

Carmine Fischetti, esse homem de cara bondosa que ali está sentado, que não sabe, ao menos, arquitetar uma defesa, limitando-se a afirmar a sua inocência, esse homem que só sabe dizer: "Não fiz mal nenhum, as letras são falsas"; esse homem, há cinqüenta anos, era um pobre e mesquinho vendilhão de pequenas mercadorias e com pouco ou nenhum dinheiro, e agora o vemos rico, embora não tanto — o que é lamentável para ele e para os filhos —, como se quis fazer acreditar, porque é sabido que "*de denari e santitá, metá della metá*"; mas, até certo ponto, Carmine Fischetti é, atualmente, rico.

Vejam, no entanto, que a riqueza de Carmine Fischetti não é o produto de uma geração imprevista e suspeita, porque a respeito das riquezas familiares e individuais, o grande critério distintivo é este: quando vemos um homem que, sendo pobre, em pouco tempo, rapidamente, quase de improviso, consegue modificar completamente a sua situação financeira, então, 99 vezes em cada 100, podemos dizer, sem receio de enganos — como diz o povo —, que "ou o achou ou o roubou". E, realmente, não pode haver outra explicação para essas fortunas improvisadas, a não ser no caso de uma invenção de aplicação geral e profícua, como sucedeu com Auer, na Alemanha, que fazendo experiências com o lítio, descobriu aquela luz de incandescência que lhe fez ganhar milhões. Fora desses casos, quem enriquece imprevistamente, não enriquece honestamente.

Mas quando vemos um homem que consegue enriquecer passados 20, 30 ou 40 anos de cuidadosa administração, de economia, de vida regrada, de sacrifícios, no comércio ou na indústria, então podemos dizer que a sua riqueza é legítima, em face da organização atual da nossa sociedade, pois representa a lenta e gradual frutificação de uma honesta atividade pessoal, e não a imprevista redada de uma daquelas empresas de pirataria, sem ser marítima, que o século XIX, com o desenvolvimento vertiginoso da riqueza mobiliária, viu surgir com tamanha freqüência, no caleidoscópio da civilização contemporânea.

Carmine Fischetti, em 1853, dizem as testemunhas, só tinha uma simples loja de mercearia; mas em 1857 já alargara o seu comércio, acrescentando-lhe o de objetos de ourivesaria, comprados em Nápoles e revendidos aos bons, mas primitivos, habitantes da sua aldeia natal de Gargano. E valendo-se da sua habilidade natural, empreendedor e esperto, dedica-se, com sorte, ao comércio de cereais; é assim que, em 1866, já possuía a casa, em que então vivia o arcipreste A., e que foi, mais tarde, habitada por ele e pela mulher.

O verbo "ter" e o verbo "ser"

Quando, em 1879, se deu a tentativa de homicídio contra o arcipreste, já Carmine Fischetti estava muito bem; naturalmente, ainda mais enriqueceu daí para o futuro, pois é sabido que o dinheiro cria dinheiro. Mas essas condições econômico-financeiras de Carmine Fischetti estão em contradição com a sua instrução literária; porque é preciso distinguir a inteligência de um homem, da sua instrução literária. Há camponeses italianos que não sabem ler nem escrever e têm uma inteligência superior à de certos professores alemães repletos de erudição, porque no cérebro italiano, como vestígio e resultado de uma civilização milenária, a inteligência natural manifesta-se e brilha, inexaurível e cintilante.

E a querida imagem materna, que sempre me socorre, com a sua doce beleza de mulher, irradiando dos olhos azuis o clarão de uma inteligência toda feita de amor, mas incontestavelmente viva, só quase aos sessenta anos aprendeu, sem professor, a soletrar, para poder ler as cartas que eu lhe escrevia, em estilo infantil, durante as raras ausências, a dar-lhe as minhas notícias e fazer-lhe sentir as palpitações de um coração que a adorava.

Também acontece, por outro lado, que um homem pode conhecer e repetir o Metastásio, citado ontem pelo Ministério Público, e não ter aquela inteligência prática e natural, que é a bússola da vida. Mas Carmine Fischetti que, precisamente pela sua inteligência natural, chegou a invejáveis condições de fortuna, participa desse deus ou desse demônio do século XIX, para quem o verbo *ter* se tornou o soberano e o árbitro da vida e o verbo *ser* não passa de uma qualidade sem qualquer valor social: esse Carmine Fischetti provocara contra si, na sua terra natal, muitos e diversos sentimentos nos freqüentes choques da vida.

Por um lado, o sentimento demasiadamente espontâneo, na maioria dos seus conterrâneos, a inveja; e por isso lhe chamam usurário e falsificador de letras; o exagero evidente dessas maledicências, devidas ao sentimento de inveja, não só está documentado no processo, mas também o podemos afirmar pela nossa experiência cotidiana, que em matéria de paixões humanas e das suas manifestações, é um documento humano de inegável valor.

Capacidade para pagar e capacidade para delinqüir

Mas, além da inveja, um outro sentimento surge à volta da afortunada situação econômica de Carmine Fischettti: alguns dos seus conterrâneos, mais hábeis e mais ávidos que os outros, e já financeiramente arruinados, vêem em Carmine Fischetti uma figura que se pode prestar a uma indústria lucrativa, ainda que imoral.

O sentimento da cobiça guia e associa esses inimigos de Carmine Fischetti, que tentam aproveitar dele a *capacidade... para pagar!*

Por outro lado, graças à atividade desses vampiros, começa a murmurar-se a respeito da fortuna de Carmine Fischetti, e essa murmuração acaba por chegar aos ouvidos das autoridades judiciárias, que inevitavelmente suspeitosas e sugestionadas verão Carmine Fischetti debaixo de um outro ângulo, o da *capacidade para delinqüir*.

E assim, Carmine Fischetti será, sem o saber, uma espécie de deus bifronte: para as autoridades judiciárias, terá capacidade para delinqüir, mas para os mais viperinos dos seus conterrâneos terá capacidade para pagar; e esta é mais terrível e perigosa, porque a capacidade para delinqüir é, apenas, uma suspeita, mais ou menos fundada e mais ou menos serena, da autoridade judiciária.

O registro criminal de Carmine Fischetti está em branco, a autoridade administrativa dá boas informações, portanto a capacidade para delinqüir pode, facilmente, revelar-se como uma fantasia judiciária. Mas a capacidade para pagar é uma coisa muito mais perigosa, porque, em vez do boletim do registro criminal ou do atestado do administrador do conselho, apóia-se no certificado do agente dos impostos. E quando, em uma terra pequena, há um rico como Carmine Fischetti, a inveja persegue-o, não tanto a inveja dos pobres (habituados à servidão e à miséria secular), como a dos ricos ou remediados, arruinados pela ociosidade de parasitas ou pela vida imoral e dilapidadora. Para estes, a sua capacidade para pagar é uma espécie de pára-raios, que atrai para cima dele os burlões e os *vigaristas* do meio em que tem a infelicidade de viver.

É assim que pode explicar-se, humanamente, também, que Carmine Fischetti tenha encontrado, por um lado, na sua terra, pessoas sem escrúpulos que, em dado momento, julgaram poder remediar a miséria que as afligia atirando para sobre o patrimônio e a moralidade de Carmine Fischetti a acusação diabólica do crime de falsificação; e, por outro lado, encontrado a autoridade judiciária que nele vê uma figura com determinada capacidade para delinqüir, só porque sendo pobre conseguiu enriquecer, sem se recordar que só o conseguiu depois de 20 ou 30 anos de trabalho. E é por isso que, quando Carmine Fischetti acusa de falsificação Mic. V., e depois, graças à intervenção do cunhado de ambos, dr. P., não insiste na acusação, a autoridade judiciária fica de sobreaviso. Mic. V. apresentara a pagamento letras no montante de 23.000 liras; Carmine Fischetti protestou que a assinatura não era sua. E em virtude de ter, depois, retirado a acusação, a pedido de um parente comum, a autoridade judiciária não pensa nas razões humanas e honestas desse abandono de acusação, mas, levada pela onda das suspeitas, criada na atmosfera de inveja e de cobiça que cercava e seguia Carmine Fischetti, a autoridade Judiciária absolveu V. da acusação de falsificação de letras, sem sequer ordenar um exame pericial aos documentos suspeitos.

O processo V. encerra-se, portanto, sem exame, e declara-se que as letras não são falsas; V. é restituído à liberdade por insuficiência de indícios. Mas as suspeitas não cessam, nem as exageradas, contorcidas e malignas suposições. E o fato de, por essas alturas, Carmine Fischetti ter ido a Nápoles consultar os advogados Girardi e Manfredi, levou o acusador público, dele conhecedor, a fazer desse fato um motivo de suspeitas, explicando-o a seu modo. Carmine Fischetti chega a Nápoles cerca da meia-noite e vai logo procurar o advogado Girardi, que, cansado e desejando repousar, lhe faz um curto interrogatório sobre a falsidade das letras que ele se recusou a pagar, e convida-o a voltar no dia seguinte, para falarem melhor sobre o caso.

Mas o Ministério Público diz que o fato de ter adiado para o dia seguinte a confirmação da falsidade das letras, era um indício da tranqüilidade de consciência de Carmine Fischetti!

Uma atmosfera de suspeitas

E porque, depois dessa conversa, Fischetti, tendo obtido o parecer daqueles juristas acerca da forma de retirar a queixa contra V., garantindo-se de quaisquer danos que de tal gesto lhe pudessem advir, acedeu ao pedido do cunhado doutor P., a sua pessoa fica envolvida na atmosfera da suspeita por parte da autoridade judiciária, a quem o fato parece um argumento contra ele, quando o certo é que, olhada a questão à luz da verdade, verifica-se que é o ato mais natural e inocente, de que, legitimamente, só uma conclusão pode tirar-se: a confirmação da honestidade e do bom-senso de Carmine Fischetti.

E continua, então, o fenômeno de Carmine Fischetti, enquanto para a quadrilha de malfeitores da sua terra tinha capacidade para pagar, para a autoridade tinha capacidade para delinqüir, e, por isso, no segredo da instrução, em plena boa-fé, os magistrados absolvem V. e declaram, sem sequer consultar um perito, que as letras assinadas por Fischetti não eram falsas!

Isso prova que os magistrados, por usarem beca, não se tornam semideuses infalíveis, mas são homens, e em plena boa-fé, no segredo da instrução, o juiz instrutor, formada a sua opinião, visto não poder andar às cegas, como uma mosca a bater contra os vidros... é à volta dessa hipótese que procura reunir dados, porque essa tese é a alma das suas investigações. Se o defensor intervém depois e, estudando o problema judiciário sob um outro ponto de vista, consegue completar a instrução no julgamento público (quando a lei não permite a instrução contraditória), então, mas só então, a verdade abre caminho e se impõe. Mas se tudo fica na instrução secreta, e o Ministério Público reforça a dose, levado por idéias preconcebidas, resultantes de pouco seguras informações de origem policial, então acontece que, no segredo da instrução, V. é absolvido e são absolvidos os B.; e então se verifica que em um "papel", como justamente lhe chamou aqui o atual acusador público, papel sem valor legal de processo, o Ministério Público, por sua informação única, sem uma instrução regular, pede, por um lado, a prescrição penal para Fischetti, mas, por outro lado, afirma, arbitrariamente, "estar provado" (sem ter existido processo, mas apenas por informações sumárias ou dispersas) que Carmine Fischetti encarregou Giuseppe B. de matar o arcipreste A., e dessa atrevida e injustificável afirmação gratuita, pretende-se, depois, fazer um argumento de acusação contra Carmine Fischetti, quando a todo o custo procuram fazê-lo condenar como caluniador!

E foi nessa mesma atmosfera de suspeitas e de prevenções que se deu início, o ano passado, ao primeiro julgamento neste tribunal, até que, na noite do *veredictum*, o Ministério Público requereu se procedesse criminalmente, por falsas declarações, contra onze testemunhas de defesa de Carmine Fischetti. O Tribunal de então, presidido por um outro magistrado, só deferiu o requerimento quanto a quatro testemunhas; o processo de calúnia é suspenso: Fischetti volta para a ansiedade do cárcere, a família fica separada dele por mais um ano, mas, no entretanto, as quatro testemunhas foram julgadas, sendo três absolvidas e uma condenada só porque uma vez tinha dito preto e outra vez branco; isso bastaria para demonstrar que o depoimento era contraditório, mas não para provar a sua falsidade, pois é impossível saber onde está a falsidade, se no preto primeiro dito ou no branco depois afirmado. Mas o Tribunal de Lucera confunde o depoimento contraditório com o depoimento falso, e condena; o Ministério Público compreende que já obtivera bastante e não recorre da absolvição das outras três.

Assim se confirma a minha observação: que quando a luz do julgamento interveio, em qualquer desses processos, verdadeira maquinação artificiosamente preparada, a absolvição foi sempre a sua conclusão lógica.

O segredo inquisitório

E por isso, senhores jurados, se explica a explosão de protesto que ontem se deu no espírito justamente indignado do meu colega Nicoletti, que erradamente foi tomada como uma invectiva pessoal contra o ilustre representante do Ministério Público.

E, portanto, como agora vereis, a verdade, perfeitamente documentada, é esta: nos processos levantados em torno de Carmine Fischetti, a favor de V. e de B. e contra ele, o zelo da autoridade judiciária encarregada das investigações, não tendo a dominá-lo o freio da crítica probatória e a claridade que faz desaparecer os fantasmas das imaginações, no julgamento público, teve aquele defeito a que se referia o meu eminente colega Cavallucci, recordando, de fugida, as palavras de uma grande autoridade judiciária e científica, que desejo repetir aqui, pois me parecem servir de árbitro imparcial e autorizado na breve discussão travada entre o Ministério Público e o advogado Nicoletti.

Trata-se de palavras escritas pelo célebre jurisconsulto napolitano Nicolini, Procurador Geral do grande Tribunal de Cassação, e, portanto, em posição oficial que o devia tornar cuidadoso ao escrever frases como a que vou repetir. Diz ele:

"Receio mais os excessos da virtude, do que os efeitos do vício.

"Conheço juízes togados que, vivamente comovidos e horrorizados pela ação criminosa, se apressam a fazer recair o seu horror sobre os presumidos culpados. O resultado é que, fortemente apaixonados pelas prevenções do crime, e, por vezes, arrastados pela opinião do povo, formam a sua convicção acerca do fato; nem só, como diz Tácito, *fingunt simul creduntque*, mas todas as provas são dirigidas no sentido que desejam, com uma veemência igual à boa-fé em que estão e ao amor do bem público, única coisa que têm em vista.

"E é assim que, de princípios virtuosos, derivam, depois, a obstinação em sustentar uma tese em cuja persistência está interessado o amor-próprio e a repugnância em acolher fatos que poderiam destruí-la; e, finalmente, a velha censura, que todos os dias é feita aos juízes, aos instrutores, acerca das violências despóticas, das suspeitas insolentes e da ferocidade da linguagem".

Isso diz uma autoridade que não podia ser mais ortodoxa, mas que descreveu, com a preocupação da verdade humana, a situação psicológica do magistrado instrutor, situação que seria, também, a nossa, se estivéssemos no seu lugar, sem a fiscalização e a discussão contraditória da audiência de julgamento público, que, por isso, é uma grande conquista, sem a qual, nos tempos tenebrosos da Idade Média, os erros judiciários se sucederam uns aos outros.

César Beccaria e Voltaire diziam aos juízes: "Não duvidamos da vossa boa-fé, mas dos vossos erros; porque o segredo inquisitorial não vos dá a garantia da verdade humana, viva e palpitante, que se impõe à consciência dos juízes, quer sejam populares ou togados".

Apareceu, por isso, a instituição do julgamento público, como conquista dos novos tempos, na atmosfera da liberdade social e política. Portanto, nenhum valor têm os resultados processuais de uma instrução secreta, se não forem aqui publicamente repetidos, diante dos juízes togados ou populares que os devem examinar e julgar, sob a fiscalização da consciência pública.

O adultério... desportivo

E eis porque e como no processo contra Carmine Fischetti, o julgamento público veio revelar, por uma forma para mim indiscutível, a falsidade das letras e, portanto, a inocência do acusado.

Mas já se pode dizer que a obra de desobstrução da verdade também principiou logo que os processos que se enrodilham em volta deste, precedendo-o e seguindo-o, foram examinados fora da atmosfera de zelo excessivo em que estavam envolvidas as autoridades encarregadas da investigação em Lucera. Na verdade, podem ver, por exemplo, uma sentença da seção de acusação de Trani, a propósito do homicídio frustrado do arcipreste A., sentença que, na minha opinião, é um monumento de ciência judiciária e que nos coloca diante do outro protagonista dessa causa dolorosa, na sua verdadeira fisionomia: o arcipreste A.

Porque é evidente que, em face de Carmine Fischetti está, realmente, como alma danada da pavorosa trama de insinuações, de suspeitas, de acusações, sempre o arcipreste A., que, na opinião do próprio Ministério Público, "não é um santo". Verdadeiramente, o Ministério Público disse que ele “não é um santo em matéria de saias”, mas devo declarar que essa defesa parcial e restritiva, da parte do Ministério Público, me parece que se transforma, ao contrário, em acusação a respeito de um depoimento por ele prestado, porque se de qualquer de nós se dissesse que não somos santos em questões de saias, a fácil moralidade do século XX, em matéria de relações entre o homem e a mulher, encontraria uma das inúmeras aplicações daquelas normas de borracha, em que se tem vindo entretecendo a vida contemporânea. Por isso, pode dizer-se para cada um de nós (ainda que eu não goste de desfrutar de um tão fácil perdão): “o que nunca tiver pecado que lhe atire a primeira pedra”, porque em questões de saias, as regras de moral são muito elásticas, especialmente em certas classes da sociedade, que, não sabendo como melhor empregar o tempo em um trabalho sério e disciplinado, se dedicam a todos os gêneros de passatempos, mais ou menos morais, incluindo o adultério... desportivo!

Mas as coisas são ou deviam ser bem diferentes, mesmo no nosso século, para um sacerdote da Igreja católica, que soube organizar uma secular administração espiritual e corporal, acrescentando-lhe aquilo que, na minha opinião, por um lado é uma força, mas por outro é uma fraqueza, e é o celibato dos padres, que desconhece uma lei da natureza, segundo a qual o homem e a mulher passam das preocupações egoístas da conservação individual aos sentimentos altruístas da conservação da espécie, tanto que o pão e o amor simbolizam os dois termos extremos, mas inseparáveis, de uma vida humana, segundo as leis da natureza. E o celibato dos padres católicos é uma fraqueza, também, porque tira os freios e a bússola que, a cada um de nós, impõem o pensamento e os cuidados pela nossa família.

Um padre imoral

Mas, qualquer que seja a nossa opinião objetiva sobre o celibato dos padres católicos, é evidente que não podemos admitir para o arcipreste A., como fez o Ministério Público, a fácil desculpa de não ser um santo “em questões de saias”, pois tinha, em virtude do seu ministério, uma maior obrigação de dar o exemplo de uma vida decente e correta. Ora, parece, pelo contrário, que o arcipreste A. sequer soube pôr em prática aquela regra de casuística imoral, que dizia aos padres para serem ao menos cautelosos, se não pudessem ser castos!...

Aquela sentença da Seção de acusação, investigando acerca da tentativa de homicídio contra A., começou por estabelecer um princípio, que vale para todas as causas e até para a atual.

"Atendendo que se provou, que o acusado havia sido ofendido pelo arcipreste A., na pessoa de *sua própria mulher*, de quem ele tinha pretendido gozar os favores carnais... acrescentando-se, que B. ofereceu, em certa ocasião, o seu braço ao arcipreste, para se desfazer de Carmine Fischetti."

Isso é o mesmo que dizer que, se em um processo judiciário, tivermos um indício que prove a culpa, mas que é contraditado por indícios que demonstram a inocência, não é possível concluir pela culpabilidade. Porque o arcipreste A., que um dia, depois de ter sido ferido — e não no próprio dia, como afirmou o Ministério Público, para o desculpar com a natural perturbação do espírito — e sendo o ferimento uma simples arranhadura, o que torna evidente que no dia imediato já se encontrava em um estado de espírito em que podia perfeitamente recordar-se e dizer a verdade dos fatos, "não sabe indicar ninguém *como seu inimigo*, que pudesse tê-lo ferido, mas devia ter-se recordado de quem, tendo-lhe oferecido o braço para o desfazer do seu inimigo Carmine Fischetti, o ficara odiando, em virtude da recusa que opusera a uma proposta tão celerada".

"E se fosse verdade que procurara ter relações sexuais com a mulher do argüido, essa circunstância tão grave devia bastar para lhe indicar o provável autor, pelo menos, do seu ferimento." Ora, diz a Seção de acusação, o padre A. não se recordou, e portanto tudo é um produto da sua fantasia.

E que o arcipreste não devia ser um homem de boa moral, deduz-se da decisão da Seção de acusação, que diz "concluir-se das declarações de algumas testemunhas, que se referem à inimizade entre ele e Fischetti, por ter possuído a mulher desse Fischetti, que teria encarregado o argüido de matar aquele que o tinha desonrado".

É isso que diz a Seção de acusação e assim se começa a revelar, em um documento insuspeito, a figura desse padre, de quem nós pretendemos, ainda que sob outro aspecto, completar a descrição da fisionomia, a que não falta uma certa energia e habilidade serpentina.

Com efeito, ele teve de confessar que, em 1860, esteve na cadeia, porque capitaneava uma sublevação contra o governo italiano. E em 1879 vêmo-lo armado quando vai passear, não com o crucifixo, mas com um *revólver*. E eu quase esperava que ele tivesse também imitado um daqueles salteadores de estrada que, vestidos de frade, levavam na mão um crucifixo, dos que nós conservamos atualmente nos nossos museus de antropologia criminal, e que, embainhado na parte mais comprida da cruz, escondem um punhal!

Ainda bem que o padre não chegou a tamanha perfeição, mas, em todo o caso, era um padre que aplicava tão bem os preceitos de uma religião de paz e de perdão, que tinha de andar armado com um revólver. Era precisamente o tipo de homem que devia, facilmente, atrair o cano da espingarda de um bandido como Giuseppe B., porque alguns paroquianos queixavam-se da sua conduta pouco cristã e pouco moral. A essas suas disposições pessoais acrescentemos que o padre A. se encontrou, quanto à sua posição social em Mat., em uma contingência singular e anormal.

Devem, efetivamente, recordar-se de que, não baseando-se em fatos positivos, mas por suposições sugeridas pelo procedimento pouco evangélico do padre A., surgiram aquelas vozes de caluniosa maledicência, que afirmavam ter o padre A., durante uma curta ausência do então ainda moço Carmine Fischetti, abusado da noiva, que fora confiada, por alguns dias, à sua guarda. Daqui nasceu, naturalmente, um esfriamento de relações, motivo porque (ainda que não acreditando na maledicência) Carmine Fischetti não pode mostrar cordialidade ao padre, pois sabia o que se dizia e sabia de que *massa* era feito aquele vigário de Cristo.

Ora, nas pequenas aldeias sucede sempre que o homem mais rico da terra tem pelo padre todas as simpatias e deferências, ou por o padre ser a pessoa menos ignorante, ou porque representa uma autoridade secular e tradicional, que espalha sobre a inconsciente revolta do povo o soporífico conforto do paraíso celeste, que deixa gozar em paz o paraíso terrestre ao rico senhor e ao padre, seu aliado. Em conseqüência, o arcipreste é sempre convidado para a mesa do rico, especialmente nas solenidades familiares e religiosas, que obrigam sempre a manifestações gastronômicas mais ou menos colossais, e é alvo de todos os cumprimentos e zumbaias.

Ora, a frieza estabelecida nas relações entre ambos, faz com que, um dia, o padre A. sinta transbordar o cálice da sua amargura, e diga: "Carmine Fischetti nem me cumprimentou quando mandou batizar o filho". É um grito de dor, que revela que em Mat. o arcipreste se encontrava em uma situação tão excepcional que não tinha a confiança nem os cumprimentos dos senhores da terra!

A isso acrescentava A. a sua situação, o seu estado físico e intelectual, que podemos julgar vendo-o aqui, nos depoimentos e acareações, em que, atrás da cortina acinzentada de uma atitude arteiramente sossegada, brilharam muitas vezes os relâmpagos da sua energia, dos seus rancores, da sua pouco escrupulosa consciência.

Ainda o falso sacerdote de Cristo

Devem já ter visto que o vosso *veredictum* tem de resultar da solução a dar a este problema: A. é um homem honesto? Será o verdadeiro tipo do sacerdote de Cristo? Daquele ministro de paz e de carinho, que leva palavras de esperança à mãe curvada sobre o berço do filho doente, e lhe dá um raio de luz, ainda que seja ilusão pura, prometendo-lhe que, depois da morte, ela *tornará a ver no céu* o seu filhinho adorado?...

O que sabemos a respeito de A. demonstra, pelo contrário, que ele esqueceu a parte humana, de paz e de perdão, do seu sacerdócio, para só alimentar o fogo venenoso do rancor e do ódio.

Mas que homem é esse A.?

A resposta é dada pelas testemunhas, e por ela o devem ter julgado, como todos nós, porque A. acaba por inventar a mentira mais disparatada, para atirar à infâmia o seu inimigo Carmine Fischetti.

Basta uma só anedota para demonstrar do que ele é capaz. Recordem-se do incidente de Rosa B.: o padre A., em 1879, interrogado acerca das possíveis razões da agressão sofrida, nem sequer fala em Carmine Fischetti e vagueia por mil hipóteses; já então os seus inimigos eram tantos, que não podia saber donde lhe viera o golpe! Só mais tarde começa a urdir a trama caluniosa contra Carmine Fischetti; e então afirma (coisa que consolida a acusação) que em junho de 1899, isto é, 20 anos depois da tentativa de homicídio, soube que Giuseppe B., o bandido, dirigindo-se a Carmine Fischetti, lhe disse: "Eu fiz o que devia; tem, portanto, de me pagar!". Terrível indício, como vêem, porque se fosse verdade que Giuseppe B., na sua situação de miserável, tivesse afrontado o ricaço proferindo aquelas palavras, a inocência de Fischetti ficaria ofuscada com elas.

Mas será isso verdade? Rosa B., indicada por A., como testemunha desse fato, deu-lhe, neste julgamento, o mais claro, corajoso e enérgico desmentido.

E até no segredo da instrução, depois da sua acareação com A., o juiz instrutor, que, por lei, tem o dever de dar a sua opinião sobre a aparência dos examinandos, escreve estas eloqüentes palavras: "A aparência de Rosa B. parece mais sincera do que a de A.". E mais do que isso; eu perguntei a A.: "Quando se terá dado esse fato do encontro de Giuseppe B. com Carmine Fischetti, segundo as narrações do gênero da de Rosa B.?". E facilmente se compreende a importância da minha pergunta.

Ou o fato remontava a 15 ou 20 anos atrás, ou então surgia a dúvida: "Mas por que esperou essa criatura tantos anos, sem falar em um fato tão grave? Como terá resistido à tentação de narrar um episódio tão dramático, se há uma tendência humana irresistível para contar as coisas de certa importância, de que fomos espectadores?".

Nesse caso, as letras deveriam ter sido aceitas por Carmine Fischetti pelo menos em 1888 e, portanto, B. já tinha as 20.000 liras e não teria podido dizer a Fischetti: *paga-me?!*

Mas o padre A. responde-me: "Não sei quando G. surpreendeu essa conversa reveladora".

Não o sabia aqui, mas sabia-o no segredo da instrução, e tanto que, nela, disse: "Rosa B. disse-me que o seu genro G., há um ano (em junho de 1898), lhe contou essa discussão entre B. e Fischetti".

Portanto, esse encontro teria sido em 1897, isto é, quando as quatro letras já estavam... em poder de B.!

Não se pode admitir a veracidade desse episódio, em vista do seu evidente absurdo e inverossimilhança; não passa de uma mentira arquitetada por A., que apertado por nós entre a espada e a parede, se defende com frases que revelam todo o seu venenoso rancor contra Carmine Fischetti. Recordem-se, por exemplo, da testemunha Nicola Basso, que ouviu dizer a A.: "Tenho de *sangrar* Fischetti!".

E, porque ao falso sacerdote de Cristo não faltam os recursos, não podendo desmentir Basso, admite que talvez também o tenha dito, mas porque sentia a dor pungente do homicídio frustrado, o prurido de uma ferida insignificante que recebera anos antes!

A. é, portanto, um homem que choca o ódio e o rancor, durante muito tempo, mas não consegue dissimulá-los, pois é uma inegável verdade humana que, além do provérbio: *in vino veritas*, se pode também dizer: *in ira veritas*.

O homem encolerizado diz verdades que, fora desse estado, esconde no mais recôndito escaninho do seu coração. E por isso o padre A., encolerizado com o desmentido de Rosa B., revela um pouco da sua alma tenebrosa, dizendo: "Tenho de *sangrar* Fischetti".

Quatro letras

É essa, senhores jurados, a marcha do presente processo, em que só tenho a fazer duas últimas observações, para demonstrar a inocência de Carmine Fischetti.

E só tenho a fazer duas observações, porque os senhores jurados compreenderam a questão logo no fim da primeira audiência, quando pediram para ver as quatro letras; compreenderam que todo o processo está nelas, e que tudo o resto é mais ou menos fantástico.

As letras são verdadeiras ou falsas?

É essa a primeira pergunta, e os senhores, aproveitando a lição de São Tomé, quiseram ver, com os seus olhos, as quatro letras. Dentro em pouco as veremos também nós, porque a inocência de Carmine Fischetti se funda, totalmente, na falsidade das quatro letras, no caso de esta se poder demonstrar.

Ora, nós temos três indícios decisivos para demonstrar a falsidade das letras.

Comecemos por revelar o absurdo em que cairíamos se fosse verdadeira a tese da acusação, que aqui foi resumida pelo acusador público, na frase seguinte: — Fischetti não quer pagar o preço do crime, visto não se poder admitir a existência de um crédito honesto da parte de Giuseppe B., que vivia na miséria.

Mas vejam, então, se isso é verdade ou é possível: o homicídio teria sido determinado por um boato, segundo o qual o padre A. teria abusado da noiva de Fischetti. Ora, o casamento realizou-se em 1869 e o frustrado homicídio em 1879. Primeiro absurdo: absurdo humano, contra o qual protesta a experiência cotidiana: um homem é atrozmente ferido na sua honra; tem um temperamento tão vivo e ardente que rapta a noiva e, depois, correndo o boato de que a noiva foi desonrada pelo sacerdote de Cristo, ele espera 10 anos para vingar a sua honra!

Digam se isso é possível?

Eu, que tenho na vida o triste destino de analisar a alma dos criminosos, só conheço uma categoria desses homens, que se vingam

10 ou 20 anos depois, por estarem materialmente impedidos de o fazer antes, que são os forçados. Ao entrarem para o presídio concebem a idéia da vingança, idéia que conservam e alimentam na cadeia durante longos anos, realizando-a logo que se apanham de novo em liberdade.

Mas quando o homem é livre, poderoso pelo dinheiro e pela sua posição social, isso já não é possível. O Ministério Público disse que era, porém, difícil encontrar um homem que quisesse acrescentar ao homicídio o sacrilégio, assassinando um sacerdote. Se o padre A. fosse uma figura como Carlos Borromeu, compreende-se que fosse difícil encontrar o homem que se encarregasse de o assassinar; mas quando se trata de um padre como A., odiado por tanta gente, isso era bem fácil, pois eram inúmeros em Mat. os que haviam sido ofendidos, de forma sangrenta, por esse indigno ministro de Cristo.

Uma filigrana reveladora

E o absurdo continua e agrava-se porque não se esperam 10 anos para vingar a honra, quando sobrevêm os filhos, quando a idade acalma os espíritos, quando o pensamento e a responsabilidade da família começam a intervir.

Mas surge um segundo absurdo: o crime dá-se em 1879, e Giuseppe B. é apontado como seu autor só porque o afirma o padre A.; mas demonstrou-se no processo de então que Giuseppe B. não era o autor dessa tentativa de homicídio, atribuível a um dos inúmeros inimigos da vítima.

Admitamos, contudo, que seja ele o autor do homicídio tentado e que o processo de então não tenha sabido descobrir a verdade. E nesse caso o absurdo agiganta-se: onde se encontrará um homem que se encarregue de assassinar um padre, sem pedir dinheiro para isso? E, no entanto, B. não recebe dinheiro! Aceitou para pagamento do crime aquelas letras, que por uma circunstância providencial, mas indiscutível, têm a filigrana de 1888.

Isso equivale a dizer que só em 1888 essas letras puderam ser preenchidas; a filigrana marca, indelevelmente, a data da emissão das letras, e é indiscutível, portanto, que só nos fins de 88 estes impressos puderam ser postos à venda; eu que já visitei a repartição onde elas se fabricam, sei a quantidade de disposições e cautelas de que o governa usa, e assim é que, quando a emissão tem a data de

1888, deve, pelo menos, passar esse ano antes de serem postas à venda. De qualquer forma, o certo é que essas letras não podem ter sido preenchidas antes de 1888.

E temos, então, o segundo absurdo insuperável: Giuseppe B. teria tentado o assassinato em 1879 e teria esperado 9 anos pelo pagamento!

Mas quem ignora que o assassino quer, pelo contrário, ser pago imediatamente, e que, por isso, não se contenta com letras, mas quer dinheiro que não tenha vestígios da sua origem?!

B. teria dito a Fischetti, que já era rico em 1879, visto que em 66 possuía uma casa e 10 anos depois já era remediado, B. teria dito, como qualquer outro homem da sua espécie: "Dê-me prata e ouro"; é isto que acontece sempre nos crimes por conta de outrem; desafio o Procurador Régio a encontrar um sicário que tenha executado um assassinato por conta alheia e tenha esperado, já não digo nove, mas um só ano pelo pagamento!

Não! Especialmente neste trabalho imoral e criminoso, passada a ocasião, já não é possível exigir o pagamento, porque se expõe, quem o fizer, a toda a espécie de perigos, e se o contrato se faz, o assassino empunha com uma das mãos a arma homicida e com a outra recebe o preço do crime.

Mas diz o padre A. (porque A. é uma fonte inexaurível de explicações e de remédios), diz A. (em 19 de junho de 1899):

"Acrescento a tudo o que declarei, que estou firmemente convencido de que Carmine Fischetti não desembolsou o dinheiro prometido a Giuseppe B. pelo atentado que este fez contra a minha vida, e, em vez dele, lhe entregou as letras, para o constranger a repetir a tentativa e procurar matar-me".

Não repetirei os argumentos evidentes que ontem aqui expôs o ilustre advogado Nicoletti: quero, unicamente, acrescentar que A. sentiu tão claramente a infantilidade e estupidez da sua explicação, que voltou sobre os seus passos, em um outro interrogatório, e deu então a famosa explicação da prescrição, dizendo:

"Não sei explicar como, tendo-se dado a tentativa de homicídio em 1879, ainda não estava pago o seu preço em 1887; mas suponho que, na época do crime, Fischetti terá feito qualquer declaração, que, vista a impossibilidade de se poder tornar profícua sem escândalo judiciário, foi convertida nas letras que agora foram descobertas.

"E se, logo em 1887, as mesmas letras não foram postas em

circulação, foi porque B., que em 1879 estava reduzido, financeiramente, à extrema miséria, em 1887 e depois disso podia viver sem discutir a validade daquelas letras, porque a sua situação econômica tinha melhorado bastante.

"Como vêem, isso é uma hipótese, a que se pode acrescentar uma outra, a de que não queria excitar suspeitas antes da ação penal estar prescrita, nada tendo a temer da prescrição cambiária, visto que as letras não estavam datadas".

Eis a habilidade mefistofélica do padre A.; as letras estão em branco, não prescrevem, mas prescreve a ação penal, e B. não pode expor-se a um processo penal: tem de aguardar que a ação penal prescreva, e então apresenta-se em juízo e pretende receber de Fischetti as vinte mil liras.

Pois bem, basta pensar um pouco, para ver todo o absurdo insustentável dessa habilidade.

Mas então como? Carmine Fischetti, para não pagar as letras, quando a ação penal ainda não estava prescrita, teria de se acusar como mandante do crime? Porque se B., ao apresentar as letras, devia dizer como e de quem as recebera, Carmine Fischetti tinha, pela sua parte, todo o interesse em conservar o maior segredo possível, porque de contrário, teria de dizer nada menos do que isso: "Não quero pagar, porque representam o preço do assassinato de que encarreguei B.!". Ou, vice-versa, as letras eram apresentadas depois da ação penal estar prescrita, e então quem tinha a lucrar com a prescrição era Carmine Fischetti, porque teria podido, em seu pleno direito, recusar-se ao pagamento, alegando a causa ilícita!

É, portanto, evidente o absurdo, que demonstra, uma vez mais, como a explicação da prescrição penal, apresentada pelo padre A., confirma o provérbio de que "o diabo tem uma capa com que cobre e outra com que descobre".

A capa do diabo

E mais uma vez o diabo descobriu o jogo do padre A., quando, para fixar a data em que B. recebeu as letras, o padre A., entre outras coisas, disse que as letras deviam ter sido entregues em 1887, como devem lembrar-se, porque o disse aqui ontem o advogado Nicoletti.

Ora, o padre A. fala em 1887 porque não sabe que a simples

vista das letras demonstra, graças à filigrana do papel, que são de 1888!

Assim é que, mesmo pondo de parte que a testemunha Bava, recebedor da fazenda em Mat., disse que as letras de 5.000 liras, com a filigrana de 1888, haviam sido compradas na sua repartição... em 1897, as próprias letras desmentem, mais uma vez, o padre A. e documentam como ele forja as mentiras e calúnias contra aquele Carmine Fischetti, a quem ele queria "sangrar".

Surge, agora, o terceiro absurdo, que trava e paralisa a tese da acusação.

Giuseppe B. morre no pleno uso das suas faculdades intelectuais, de morte natural; contudo, não diz uma palavra, nem aos filhos, nem à mulher, acerca das letras de 20.000 liras, que só por acaso vêm a ser encontradas mais tarde, em um velho cesto de papéis antigos.

É verdade que, para remediar esta insuperável inverossimilhança, se tentou afirmar que B. tinha proferido algumas frases que faziam pensar que tinha as letras de 20.000 liras, dizendo, por exemplo, aos filhos, que trabalhassem para eles, porque ele tinha o bastante para a sua velhice. Mas, mesmo admitindo a veracidade dessas expressões, não preciso repetir que elas encontram a sua explicação na declaração de Rafaela A., mãe de Giuseppe B., de que ele era amante da mulher do, então, rico D. E era por isso que Giuseppe B. podia dizer: "Tenho o bastante para a velhice, porque sou amante da mulher de um homem rico".

E assim, senhores jurados, se justificam as minhas observações preliminares, de que a tese da acusação, criada no segredo instrutório de Lucera, logo que este processo sai da atmosfera enevoada e vem para o julgamento público, é, subitamente, esclarecida e até as aparências de indícios e de suspeitas tomam o seu aspecto verdadeiro e concreto e tem a sua explicação natural.

Os exames caligráficos

Os absurdos eram, efetivamente, tão graves que, quando o processo de calúnia contra Carmine Fischetti chegou a Trani, um magistrado que todos conhecem e apreciam, o substituto do Procurador Geral Chapron, homem e magistrado insuspeito, fez um requerimento em que concluía que essa acusação era insustentável, pois que um tal vespeiro de contradições e inverossimilhanças não podia legitimar que se concluísse pela culpabilidade de Carmine Fischetti, e pedia a sua absolvição por inexistência de crime.

A Seção de acusação, porém, ordenou um suplemento de instrução, e que se procedesse a um novo exame, visto o que fora feito pelo professor Consagro concluir que as assinaturas eram do punho de Carmine Fischetti.

Mas, colhidos os novos elementos, obtido o novo exame de Monterisi, que concluía que as assinaturas não são de Carmine Fischetti, a Seção de acusação deparou com tamanho erro do professor Monterisi, que nem chegou a ser discutida a fundo a possibilidade de concordar com as conclusões absolutórias do Procurador Geral Chapron.

Devem, efetivamente, recordar-se de que o professor Monterisi, no seu relatório, faz um magnífico discurso para demonstrar a falsidade das firmas das letras, mas, por fim, faz uma afirmação, ao acaso, "por palpite", como ele próprio diz, e escreve que as assinaturas lhe parecem feitas pela mesma mão que preencheu as letras em branco!

Ora, a Seção de acusação sabia, graças ao processo, com segurança, que, pelo contrário, as letras tinham sido preenchidas poucos dias antes pelo solicitador Borrillo, e, por isso, não podia deixar de ser mínima a sua fé nas conclusões dos peritos caligráficos!

E foi certamente por isso que a Seção de acusação decidiu que o processo viesse a julgamento, a fim de nele se desenredar essa complicada meada, não, portanto, por estar convencida da criminalidade de Fischetti, mas unicamente porque era tenebrosa e contraditória a confusão dos elementos obtidos nas duas instruções, a Seção de acusação não se atreveu a pronunciar-se pela absolvição e, prudentemente, entregou a solução do problema à claridade e à fiscalização da discussão pública.

Três indícios decisivos

Ora, senhores jurados, neste processo, o vosso julgamento deve decidir uma causa que é simplesmente indiciária, isto é, em que a inocência ou a culpabilidade do acusado se não podem provar diretamente, como sucede nas outras causas, em que o acusado confessa ou foi surpreendido quando cometia o crime.

A prova indiciária é a que faz o médico no seu consultório, ao passo que o cirurgião procede quase sempre por indagação e ação direta. Na medicina, pelo contrário, o clínico deve recolher os indícios mais longínquos e aparentemente insignificantes, para fazer o seu diagnóstico; e a grande habilidade científica está em adivinhar e precisar, caminhando do conhecido para o desconhecido, a doença que faz sofrer a doente. O mesmo acontece nos processos penais indiciários: quando a causa é indiciária, o juiz, não podendo proceder diretamente, através da confissão do acusado ou da sua prisão em flagrante delito, deve fazer como o médico: recolher tanto as mínimas circunstâncias, quanto as mais graves; pesar o pró e o contra dos vários indícios e chegar, assim, à conclusão da culpa ou da inocência.

Afortunadamente, porém, em todas as causas indiciárias, por entre a rede inextricável dos indícios, há alguns que encaminham o juiz para a decisão, e são os indícios decisivos da causa.

Pois bem: no processo de Carmine Fischetti, a série total dos indícios é notável, direi quase inumerável; e se eu pretendesse analisá-los um por um, entre circunstâncias reais, aparências plausíveis, suspeitas vagas e mentiras arquitetadas, teria atraído a vossa atenção para uma confusão de circunstâncias secundárias e inconcludentes, distraindo-a daqueles indícios decisivos que são em número de três no presente processo, e pelos quais, depois de os ter examinado um momento, ninguém poderá acreditar na culpabilidade de Carmine Fischetti.

Os três indícios característicos e decisivos deste processo, são os seguintes:

I. As quatro letras apresentadas pelos herdeiros de B., em fevereiro de 1899, não são as únicas letras de 5.000 liras com a firma C. Fischetti.

II. Houve um depoimento insuspeito, que forneceu elementos decisivos para a decisão.

III. E o melhor, e que, para mim, decide definitivamente a questão, é a visão direta das quatro letras, porque nelas se encontra a prova, não por suposição e raciocínio, mas por evidência positiva e concreta, de que são o trabalho artificioso de quem imitou a firma de Carmine Fischetti.

Talvez por isso, para cumprir a minha missão, eu tivesse podido chegar, sem mais nada e de uma só vez, a essa última e irresistível prova da inocência de Carmine Fischetti, se não tivesse julgado do meu dever examinar na vossa presença toda a odiosa maquinação deste processo, para que a consciência do vosso *veredictum* absolutório e libertador ficasse moral e logicamente ressalvada.

Uma chuva de letras

Primeiro indício: — Ontem, o advogado Nicoletti fez a conta de todas as letras postas em circulação com a assinatura de Carmine Fischetti e chegou à cifra de mais de 100.000 liras. Eu contento-me em enumerar as letras de 5.000 liras: Porque se essa repetição de letras da mesma cifra, já avultada, se compreenderia em Londres — e se compreenderia que lá não fizesse impressão —, já o mesmo não acontece, necessariamente, quando em uma pequena aldeia de Gargano, como é Mat., se verifica que V. tem outras quatro letras de 5.000 liras de Fischetti, em Vi. há cinco também de 5.000, Pr. tem uma de 5.000 e Pe. uma outra de 5.000; e os herdeiros de B. exibem quatro letras de 5.000 liras: isto é, há um total de 75.000 liras, em letras de 5.000 liras, e todas com a assinatura de Carmine Fischetti.

Basta isso para compreender que a origem dessas letras não pode ser limpa, se nos lembrarmos de que os portadores delas não são grandes comerciantes, e que todas estão em branco e são, portanto, letras que veremos dentro em pouco, como foram todas elas, encontradas, com uma estranha afinidade magnética, em velhas carteiras, fora de uso.

São essas as circunstâncias que justificam as palavras da testemunha Antônio M.: "Quando ouvi falar nas letras de B., julguei-as verdadeiras; mas depois, ao ter conhecimento de que tantas outras eram exibidas, pensei que isso era *estranho* e que deviam ser falsas".

Por isso, no primeiro julgamento deste processo, concluíra assim: "Todos consideram falsas as letras de B.".

É essa a verdadeira gênese da opinião pública em Mat., que não apareceu como um relâmpago num céu sereno, mas se desenvolveu e completou alimentada pelos fatos. Quanto às letras encontradas em casa de B., a primeira impressão foi de que eram verdadeiras, mas visto que as letras idênticas pululavam numerosas, a inverossimilhança do fato corrigiu a primitiva impressão.

De resto, a verdade é que eu não acredito que se trate de tantas letras de 5.000 liras cada uma; creio, pelo contrário, que são sempre as mesmas letras, que fazem como as coristas nos teatros de terceira ordem, que parecendo muitas são, afinal, sempre as mesmas pessoas, que saem e entram dos bastidores. Isto é: creio que, excetuando as letras de V., todas as outras são letras de retorno. As letras de B. são perfeitamente as mesmas que foram feitas pelos falsários, mas não acredito que eles tenham fabricado, afinal, 75.000 liras de letras.

E tanto é certo que são sempre as mesmas letras, que houve algumas testemunhas que o reconheceram: Na verdade, a testemunha N. disse que entre elas deve estar uma com uma grande mancha de tinta (e é precisamente uma das quatro letras que estão no processo) e o mesmo sucede com a que em V. tinha Bas.

Há, neste processo, uma mina inexaurível de observações, que levam todas a concluir que Carmine Fischetti, em vez de ser um caluniador, é o verdadeiro caluniado. Recordem-se do que aqui disse a testemunha Am.: "Quando vi as letras de B., como me tinham sido apresentadas outras, em que estava escrito o número de 5.000 liras, na confusão julguei tê-lo visto nas letras de B.", mas instado acerca dessa circunstância, disse, retificando, que "as letras de B. eram do valor de 5.000 liras".

Isso equivale a dizer que temos, portanto, indícios que tornam a demonstrar que se trata de letras de retorno, que elegeram o seu domicílio momentâneo na carteira de B. E também aqui ouvimos que Bas., quando lhe vieram à mão as cinco letras, vendo que se tratava de uma coisa suspeita, para as fazer descontar e para tornar o caso crível, disse ao juiz instrutor que as encontrara em uma carteira, na estação de Foggia. E é Pe. quem tem uma outra letra e o seu marido diz a Ar. que encontrara essa letra em uma carteira, debaixo de uma ponte! E, finalmente, as letras de B. são, também, encontradas em uma velha carteira, atada com uma guita, no famoso cesto de papéis velhos; aquela velha carteira que a viúva Da. já tinha visto, mas, coisa estranha, sem ter a curiosidade de saber o que continha!

Ora, pensemos bem: essa Da., em tempos rica, mas agora caída na miséria e viúva, encontra uma carteira e sequer trata de ver o que haverá dentro dela! Será isso crível e humanamente possível? O fato é tão extraordinário que o próprio juiz instrutor, quando ouviu a viúva Da., disse: *Mas, em suma, nunca viu o que havia nessa carteira*? — e ela respondeu: *Quando examinamos os papéis, não vimos a carteira*. E interrogada neste julgamento, repetiu a mesma coisa.

É, portanto, uma coisa estranha, que se atire para um cesto essa carteira velha, e só revela, evidentemente, a escassez de capacidade inventiva desses falsários, que possuem letras todas de 5.000 liras e todas encontradas em carteiras velhas, perdidas em uma estação, debaixo de uma ponte ou em um velho cesto!

Mas, diz o Ministério Público, como se pode duvidar da verdade do achado das quatro letras se temos a demonstrá-lo um enxame de testemunhas?

Mas não, egrégio Ministério Público: feitas bem as contas, só uma testemunha prova o fato do achado, e é Antônio B., que só sabe, como certo, o seguinte: Schi., de boa-fé, encontrou as quatro letras na carteira que estava no cesto: mas quem nos garante que não tenha sido Antônio B. quem pôs as letras na carteira, chamando, depois, Schi., para tornar crível o fantástico achado? Não se deve confundir a veracidade do achado com a proveniência das quatro letras: porque se o primeiro é verdadeiro, isso não exclui que tenha sido o resultado de uma habilidade, mais ou menos grosseira.

A mesma observação deve fazer-se ao Ministério Público, quando invoca os depoimentos de Am. e do advogado Lan., porque esses só por *ouvir dizer* podem afirmar que as quatro letras foram encontradas nas referidas condições.

Antônio B. foi a única testemunha e ele tem demasiado interesse para ser acreditado, quando apresenta as letras a protesto. Não pretenda, pois, o Ministério Público engrossar a falange das suas testemunhas, porque além de Antônio B., só lhe resta o ex-presidiário, tio do primeiro, com a sua carta, de que basta recordar que é, evidentemente, de 1887 (12 de outubro), quando Giuseppe B. estava preso (pois provamos com documentos que ele esteve na cadeia desde 23 de julho até 16 de dezembro de 1887). E Carmine Fischetti ia escrever-lhe uma carta tão comprometedora, para que as autoridades da cadeia a vissem; e nela dizia: *procure-me, quando puder, e ficará satisfeito*, a B., que estava na cadeia. E, finalmente, o ex-presidiário teria guardado aquela carta durante tantos anos, esperando, para exibi-la, que ela pudesse servir de esteio à cena das quatro letras encontradas no tal cesto!...

Portanto, o primeiro indício característico, isto é, a presença de tantas letras de 5.000 liras cada uma, é um primeiro elemento decisivo para concluir que as quatro letras pertencem a uma família de letras falsas, porque não é possível que Carmine Fischetti tivesse posto a sua assinatura em tantas letras de 5.000 liras, em um pequeno meio como o da aldeia gargânica de Mat.

Um brigadeiro, testemunha heróica

O segundo elemento decisivo, é fornecido pelo depoimento do brigadeiro Gioachino Vescovo. Compreendo que esse depoimento tenha sido um golpe terrível para a acusação porque, quando se trata de uma das habituais testemunhas, um pobre diabo contra o qual se pode, impunemente, empregar uma récua de adjetivos, ainda a coisa se pode arranjar; mas quando é o brigadeiro, Vescovo, com ótimos precedentes na sua vida, que tem uma medalha ganha pelo seu valor cívico e que por este processo desafia os raios da cólera dos superiores diretos e indiretos, sem que nada o faça torcer, então o golpe é irreparável. Porque, mesmo obtendo-se, como se fez, a transferência para bem longe do corajoso brigadeiro, ele aqui voltou como testemunha, em benefício da verdade e da justiça. Nunca, por tal fato, imaginei ouvir a censura do Ministério Público, de que ele *não soube guardar o segredo profissional*!

Mas como! Pode dizer-se uma coisa semelhante a um oficial da polícia judiciária? Pode fazer-se uma sugestão destas, para que sob o selo do segredo profissional se deixe prejudicar a inocência e a justiça? Francamente, ilustre Procurador Régio, essa frase fugiu-lhe dos lábios, porque não pode ser julgada nem moral nem humana, nem pode ter justificação.

De resto, ilustre agente do Ministério Público, a causa ficou julgada, quanto a mim, no momento em que V. Ex. se recusou a mostrar a comunicação que o brigadeiro Vescovo apresentou aos seus superiores, depois do primeiro julgamento deste processo, acerca dos resultados das suas investigações a respeito da falsidade das letras. Alguns jurados, no escrúpulo de bem cumprirem o seu dever de consciência, pediram para ler esse relatório e o Procurador do Rei disse: "Não! O relatório demolidor não se lê!". Mas essa recusa da sua parte foi muito mais eloqüente que qualquer leitura!

Porque quando, em um processo, temos a sorte de encontrar um brigadeiro que contribui decisivamente para a descoberta da verdade, podemos coroar com um ramo de louros o trabalho desse funcionário modesto, mas incorruptível, na descoberta da verdade.

O que diz, de fato, o brigadeiro Vescovo? Ouviram-no aqui, e cada uma das suas palavras foi um inexorável golpe de picareta no arruinado edifício da acusação pública!

— *Em Mat. investiguei e descobri que Antônio B. e Bernardino Da. tiveram algumas conferências noturnas e clandestinas em casa do padre A.*

Está, portanto, descoberto o ninho dessa conjura! Podem, talvez, duvidar das outras testemunhas, mas não podem duvidar do brigadeiro, que aqui veio repetir as graves revelações que já havia feito no seu relatório. Em seguida descreve, com a do padre A. e a de Antônio B., a figura daquele Bernardino Da., que parece ter uma simpatia caligráfica pelas cartas anônimas. E o brigadeiro acrescenta: — *Tive, também, conhecimento de que um tal Ferr. ofereceu letras de 5.000 liras aos cônjuges De. e La. Não pude fazer mais, porque as minhas investigações demolidoras da acusação não agradavam superiormente. Mas, na integridade da minha consciência, averiguei esses indícios da verdade e descobri* **"uma verdadeira associação de malfeitores"** — são as palavras textuais — *e denunciei-a por escrito. Mas porque essas revelações eram demolidoras da acusação, a minha denúncia não teve conseqüências!*

Isso constitui uma perversão da ordem judiciária, que não podemos admitir, nas funções delicadíssimas e terríveis dos funcionários que presidem à descoberta da verdade, no caminho tortuoso e tenebroso do crime.

O exame direto das letras

Mas a verdade tem uma grande força; e já ninguém, agora, neste processo, pode atrasar ou impedir o seu triunfo, que terá a sua mais solene sanção no vosso *veredictum*.

E o triunfo da verdade torna-se luminoso e consolador, quando se chega ao último indício decisivo: o exame direto das letras em que se baseia o processo.

Se as assinaturas são verdadeiras, pode, também, ser verdadeiro o resto do trama urdido pelo padre A. e pelos seus cúmplices. Mas se as assinaturas são falsas, Carmine Fischetti está inocente, indiscutivelmente inocente, sejam quais forem as aparências em contrário, na confusão monstruosa do processo.

Ora, a propósito dessas quatro letras, em face dos dois exames caligráficos, que tão minuciosamente as descreveram, concluindo um pela sua autenticidade e o outro pela sua falsidade, lembrou-me uma coisa semelhante a esta, que a fantasia desvairada de um romancista americano inventou a respeito de uma carta perdida.

Os senhores jurados recordam-se de que Edgar Poe, morto, ainda novo, pelo abuso do álcool, a que o arrastava o seu gênio irrequieto e o seu bizarro temperamento, imagina que se perdeu uma carta diplomática, que se supõe conter um segredo de altíssima importância. Por acaso, ela está em poder de um particular; o Ministro dos Estrangeiros espera, em vão, a chegada dessa carta diplomática; faz-se um inquérito e descobre-se onde ela se encontra; e porque o seu possuidor se recusa a entregá-la, mas consente que a procurem no seu gabinete de trabalho, toda a polícia para lá corre em busca da carta perdida, armada de paciência, de habilidade, de zelo... e atraída pelo generoso prêmio prometido.

Nada escapa aos olhos e às buscas dos agentes da polícia: as pernas das cadeiras são perfuradas, as tábuas do pavimento são levantadas uma por uma, mas a carta não é encontrada. O chefe da polícia desespera-se, porque perde o prêmio que o ministro lhe tinha prometido, e quando já está para se ir embora, o estranho possuidor da cartaz diz-lhe: "Procuraram por toda a parte, mas não olharam para aqui. A carta é essa que está aberta em cima da mesa. Pensei que a melhor maneira de esconder uma coisa é não a esconder e a minha experiência deu resultado!".

História curiosa, feita de verdade psicológica e de experiência humana, que se reproduz, com aspectos análogos, também neste processo das letras falsas ou não falsas.

Na verdade, os dois peritos escreveram dois volumes e esqueceram-se de olhar para cima da mesa, onde estava a prova da falsidade. É por isso que eu julgo, agora, inútil um exame dos peritos caligráficos, porque nada concluiríamos repetindo tantas e tão minuciosas descrições analíticas, tão engenhosas como inconcludentes.

Realmente, para que perder tempo a ver se todas as letras das palavras que formam a assinatura daqueles títulos, reproduzem a forma, a pressão, as paragens e os saltos e pormenores caligráficos das mesmas letras, no escrito autêntico de Carmine Fischetti? Trabalho inútil e ainda mais inútil perda de tempo.

O processo Dreyfus demonstrou até que extremos de perda de bom-senso e de senso prático pode levar o exame caligráfico. Se quiserem um exemplo menor, podem recordar-se do que fez o perito Consagro, que chega à seguinte conclusão: "Do exame desses documentos resulta a evidência de que Fischetti possui um tipo de letra de execução rápida, movimentada, pesada, caracterizada por específicas formas individuais". E a verdade, simples e banal, é que a letra de Carmine Fischetti é a de um homem apressado e que não sabe escrever muito correntemente, o que faz com que esses peritos, perdidos nas minúcias da análise, me lembrem aqueles que olham para as árvores e não vêem a floresta!

Bem ao contrário, os mais modernos peritos caligráficos indicam como regra fundamental no exame de um documento, que se suspeite ser falso, como primeiro estudo, o estudo a olho nu do próprio documento, para ter uma impressão de conjunto, que sirva de guia à análise minuciosa. Eis o que ensinam esses mestres: "Antes de proceder a uma investigação típica, é muito útil, como preliminar, examinar atentamente o documento em questão. Por meio desse ato tão simples, o observador conseguirá formar uma opinião complexiva. É dessa maneira que os peritos chegam a decidir acerca da paternidade dos quadros ou das estátuas... Depois disso, a luz artificial faz descobrir o falsário, revelando uma hábil raspagem ou mostrando na filigrana uma data, um desenho, um detalhe qualquer, que são incompatíveis com a data suposta do documento".

E esse recente autor americano (Frazer) recorda que foi por uma inspeção desse gênero que no processo Dreyfus principiou o triunfo da verdade, com a descoberta das falsificações feitas pelo coronel Henry, que tinha escrito um documento em um papel com uma filigrana de data posterior!

E depois do americano Frazer, o francês Itasse, inventor de um novo sistema de grafotipia, confirma que "o exame a *olho nu*, com uma luz diurna favorável, pode revelar muitos lados obscuros, muitos aspectos anormais, em um documento suspeito. Pode até dizer-se que desse primeiro exame depende o seguimento das investigações e o julgamento final, tanto mais que, para um perito com bom faro, uma rápida e superficial inspeção do documento, feita a olho nu, fixa as bases da sua apreciação definitiva".

Isso deveriam saber e fazer os dois peritos do processo. Em lugar de estudarem como Carmine Fischetti fazia a argola do *e* ou o ponto do *i*, deviam olhar, simplesmente, para esses quatro documentos e teriam encontrado o que buscavam.

Tomemos as quatro letras e observêmo-las: três têm a assinatura *Carmine Fischetti fu Vitantônio*, e uma apenas *Carmine Fischetti*. Essas três letras apresentam a particularidade evidente de se tomarmos qualquer autógrafo de Fischetti, por exemplo, outras duas letras insuspeitas e já pagas, e se examinarmos as duas assinaturas dessas letras autênticas, a primeira coisa que vemos é que as assinaturas das quatro letras de B. se assemelham à assinatura de Carmine Fischetti.

Isso é verdade, mas é, também, inevitável, porque se não fosse imitação da verdade, a falsificação não poderia tentar-se, nem admitir-se; se o falsário não traçar caracteres semelhantes aos verdadeiros, não pode esperar atingir o seu fim. Pensar de maneira diversa seria cair na mesma ilusão daqueles que, a propósito de uma suspeita de erro judiciário, em conversa, perguntam quais são as razões evidentes do erro. Mas isso é uma ilusão, porque o erro judiciário só existe justamente enquanto se não faz a prova evidente da inocência! Se existissem as razões evidentes, não teria havido condenação; se se cometeu um erro, foi precisamente por haver uma rede de circunstâncias e de indícios onde a verdade se misturava com a falsidade. E para chegar a descobrir-se o erro, concorre, não uma só razão simples e evidente, mas o esforço metódico de uma série de observações, induções e raciocínios, da qual surge, como o ouro da ganga dos metais inferiores, a conclusão de uma verdade submersa e desconhecida.

Mas examinemos as quatro letras de B.: as suas assinaturas assemelham-se à de Carmine Fischetti, especialmente à que se encontra nas duas letras de 1894. Com a diferença de essas duas não terem o *fu Vitantônio*, o que revela a falsidade das letras de B. Os senhores jurados devem, certamente, ter observado um primeiro caráter geral: ponham as três letras umas atrás das outras e verificarão que, especialmente os *fu Vitantônio*, estão todos alinhados à mesma distância da margem, de maneira que coincidem, perfeitamente, uns sobre os outros. Ora, essa disposição, demasiadamente regular, principia a tornar o caso suspeito; porque se eu assinasse três letras *Enrico Ferri fu Eraclio*, seria impossível que os *fu Eraclio* coincidissem em todas três exatamente uns sobre os outros, a igual distância das margens, nem mais nem menos um milímetro!

Mas, mais ainda; depois disso, peguem em qualquer dessas três letras e ponham o *fu Vitantônio* contra a luz, umas sobre as outras, e verão que todas as letras coincidem perfeitamente! Os *Carmine Fischetti* diferem de alguns milímetros, e isso explica-se muito bem, como diz Frazer no seu tratado, por o papel de baixo se ter movido e com ele a figura a copiar, razão porque é um pouco diferente da de cima. E pode, justamente, suceder que esses *Carmine Fischetti* não coincidam completamente (apesar de, evidentemente, terem sido copiados por transparência em uma janela ou com outra qualquer luz) ou porque se serviram de uma assinatura que não tinha o *fu Vitantônio* ou porque o papel, durante a cópia à transparência, se deslocou ligeiramente. Mas o que constitui um argumento indiscutível é o fato dos três *fu Vitantônio* serem precisamente idênticos.

E não só isso! Peguem agora na quarta letra, com a assinatura apenas de *Carmine Fischetti*, e sobreponham-na à que tem a mancha de tinta e verão que coincidem perfeitamente as duas assinaturas, como o *fu Vitantônio* nas outras!

Portanto, senhores jurados, temos a prova incontestável, evidente, luminosa, de que as quatro assinaturas das letras de B. são o trabalho de um falsário.

E, por conseqüência, Carmine Fischetti tinha razão em se recusar a pagá-las.

E assim cai inteiramente por terra o vigamento artificioso da acusação, arrastada para o erro pela habilidade dos falsários e pelas sugestões do padre A. Por isso, posso dizer que, se esse meu exame, com a experiência da sobreposição das quatro letras, tivesse sido feito logo no primeiro dia em que o juiz instrutor iniciou o processo contra Carmine Fischetti, se teria evitado o perigo de uma denegação de justiça.

Parece-me, portanto, agora, indiscutível, mercê daquilo a que se chama e são indícios decisivos, acrescentados à força irresistível da prova mais evidente, que as quatro letras apresentadas por B. são obra de um falsário, porque não é possível que um homem, ao escrever a própria assinatura em quatro letras, o faça de forma tão exata e idêntica que, vistas à transparência, todas coincidam de maneira tão perfeita e eloqüente.

A restituição da liberdade e da honra

Senhores jurados, esse exame direto, essa experiência por meio da qual cada um de nós vê e julga melhor do que através de qualquer exame caligráfico pericial, basta para dar à vossa consciência, e à de nós todos, uma convicção absoluta: a que tornará a dar a Fischetti o direito e a certeza de que na consciência pública não fica a menor suspeita acerca da sua vida honrada de cidadão.

Demonstrei que as letras são falsas, que Carmine Fischetti tem sido e é vítima do conluio ignóbil dos seus inimigos, foi e é a vítima dos erros da instrução judiciária, vítima a quem a plena luz da discussão pública e o vosso *veredictum* darão o regresso à vida familiar, com a honradez e com a paz, a que tem incontestável direito. Carmine Fischetti será, por conseguinte, através do vosso *veredictum*, libertado da tortura da prisão preventiva e da desonra que lhe está ligada, como sobrevivência Medieval. Será restituído, com o seu nome honrado, à sua família que, há tanto tempo, na ansiedade espasmódica de um tortuoso e tenebroso processo, o aguarda dolorida mas, agora, serena, porque, com a evidência da sua inocência, Carmine Fischetti lega, intacto e respeitável, o seu nome aos filhos.

E como nas tardes tórridas e tempestuosas de verão, ao crepitar furibundo e pavoroso da tempestade, que traz consigo as trevas e a devastação, sobre a terra, fecundada pelo secular trabalho do homem, sucede o raio do sol no ocaso, que antes de desaparecer no horizonte esfarrapa as lívidas nuvens trovejantes e nos dá a esperança de tempos melhores e de paz entre os homens; assim, também, neste terrível processo, depois das densas nuvens das suspeitas e das acusações contra Carmine Fischetti, venha o vosso *veredictum*, como raio de luz de justiça, restituí-lo à família e à honra, assegurar aos cidadãos que a nossa justiça respeita a verdade e fazer extinguir-se ao longe a recordação ameaçadora deste processo, como a de um sonho tormentoso, pesando sobre a inocência de um homem.

Disse.

O veredictum *dos jurados foi de completa absolvição, por entre os aplausos do público, que fez um entusiástico acolhimento ao acusado e aos seus defensores.*

Enrico Ferri*

Vida

Jurista e político italiano, Enrico Ferri nasceu em San Benedetto Po, Mantova, a 25 de fevereiro de 1856 e morreu em Roma a 12 de abril de 1929. Formou-se em 1877 na universidade de Bolonha com uma tese sobre *L'Imputabilità Umana e la Negazione del Libero Arbitrio* (*A Imputabilidade Humana e a Negação do Livre-Arbítrio*, 1879), e dois anos mais tarde foi continuar os estudos em Paris. De volta à Itália, foi catedrático de Direito Penal nas universidades de Bolonha, Siena, Pisa e Roma. Deputado em 1886, reelegeu-se mediante sucessivas legislaturas.

Diretor do jornal socialista *Avanti!*, entre 1900 e 1905, em 1919, Ferri foi nomeado presidente da comissão encarregada da reforma das leis penais italianas. O resultado de seu trabalho foi o *Progetto di Codice Penale Italiano* (*Projeto do Código Penal Italiano*, 1921) precedido de uma *Relazione*. Essa obra influenciou profundamente a legislação penal de diversos países, inclusive a do

* Fonte: *Enciclopédia Mirador*.

Brasil. Poucos anos antes de morrer, Ferri afastou-se do partido socialista e aderiu ao fascismo. Chegou a ser eleito senador, mas faleceu antes de empossado.

Projeção

Ferri é o principal representante da escola positivista no Direito Penal e o criador da sociologia criminal. Negando o livre-arbítrio e sua conseqüência, a responsabilidade moral, deslocou o problema do crime para o estudo do criminoso. O crime, segundo a escola positivista — e Ferri foi fundamentalmente um positivista que chegou ao socialismo pelas leituras da Darwin e Spencer —, é ocasionado por uma série de fatores antropológicos e sociais. Fenômeno natural e social, não pode o delinqüente ser considerado o único responsável por ele. O valor da punibilidade não está na sanção moral, a qual se justifica na medida em que se opõe aos fatores que ocasionaram a delinqüência, e como meio de evitar a reincidência. A partir daí, Ferri construiu a teorias dos *substitutivos penais*, remédios jurídicos que eliminam as razões da pena, anulando assim as razões do delito.

Obras

Entre as obras mais conhecidas de Ferri estão a *Sociologia Criminale* (*Sociologia Criminal*, 1929), *Socialismo e Criminalità* (*Socialismo e Criminalidade*, 1883), *Studi Sulla Criminalità* (*Estudos Sobre a Criminalidade*, 1926) e *Principi di Diritto Criminale* (*Princípios de Direito Criminal*, 1928).

Bibliografia

FRANCHI, Bruno. *Enrico Ferri, il Noto, il Mal Noto e l'Ignorato*. Torino, 1908.

COSTA, F. *Delitto e Pena Nella Storia del Pensiero Umano*. Torino, 1928.

RADULESCU, I. *Un Grand Savant: Enrico Ferri*. Bucarest, 1929.

Sumário

O Objetivo, a filosofia e a missão da Editora Martin Claret

O principal objetivo da Martin Claret é contribuir para a difusão da educação e da cultura, por meio da democratização do livro, usando canais de comercialização habituais, além de criar novos.

A filosofia de trabalho da Martin Claret consiste em produzir livros de qualidade a um preço acessível, para que possam ser apreciados pelo maior número possível de leitores.

A missão da Martin Claret é conscientizar e motivar as pessoas a desenvolver e utilizar o seu pleno potencial espiritual, mental, emocional e social.

O livro muda as pessoas. Revolucione-se: leia mais para ser mais!

MARTIN CLARET

Relação dos Volumes Publicados

1. **Dom Casmurro**
   Machado de Assis
2. **O Príncipe**
   Maquiavel
3. **Mensagem**
   Fernando Pessoa
4. **O Lobo do Mar**
   Jack London
5. **A Arte da Prudência**
   Baltasar Gracián
6. **Iracema / Cinco Minutos**
   José de Alencar
7. **Inocência**
   Visconde de Taunay
8. **A Mulher de 30 Anos**
   Honoré de Balzac
9. **A Moreninha**
   Joaquim Manuel de Macedo
10. **A Escrava Isaura**
    Bernardo Guimarães
11. **As Viagens - "Il Milione"**
    Marco Polo
12. **O Retrato de Dorian Gray**
    Oscar Wilde
13. **A Volta ao Mundo em 80 Dias**
    Júlio Verne
14. **A Carne**
    Júlio Ribeiro
15. **Amor de Perdição**
    Camilo Castelo Branco
16. **Sonetos**
    Luís de Camões
17. **O Guarani**
    José de Alencar
18. **Memórias Póstumas de Brás Cubas**
    Machado de Assis
19. **Lira dos Vinte Anos**
    Álvares de Azevedo
20. **Apologia de Sócrates / Banquete**
    Platão
21. **A Metamorfose/Um Artista da Fome/Carta a Meu Pai**
    Franz Kafka
22. **Assim Falou Zaratustra**
    Friedrich Nietzsche
23. **Triste Fim de Policarpo Quaresma**
    Lima Barreto
24. **A Ilustre Casa de Ramires**
    Eça de Queirós
25. **Memórias de um Sargento de Milícias**
    Manuel Antônio de Almeida
26. **Robinson Crusoé**
    Daniel Defoe
27. **Espumas Flutuantes**
    Castro Alves
28. **O Ateneu**
    Raul Pompéia
29. **O Noviço / O Juiz de Paz da Roça / Quem Casa Quer Casa**
    Martins Pena
30. **A Relíquia**
    Eça de Queirós
31. **O Jogador**
    Dostoiévski
32. **Histórias Extraordinárias**
    Edgar Allan Poe
33. **Os Lusíadas**
    Luís de Camões
34. **As Aventuras de Tom Sawyer**
    Mark Twain
35. **Bola de Sebo e Outros Contos**
    Guy de Maupassant
36. **A República**
    Platão
37. **Elogio da Loucura**
    Erasmo de Rotterdam
38. **Caninos Brancos**
    Jack London
39. **Hamlet**
    William Shakespeare
40. **A Utopia**
    Thomas More
41. **O Processo**
    Franz Kafka
42. **O Médico e o Monstro**
    Robert Louis Stevenson
43. **Ecce Homo**
    Friedrich Nietzsche
44. **O Manifesto do Partido Comunista**
    Marx e Engels
45. **Discurso do Método / Meditações**
    René Descartes
46. **Do Contrato Social**
    Jean-Jacques Rousseau
47. **A Luta pelo Direito**
    Rudolf von Ihering
48. **Dos Delitos e das Penas**
    Cesare Beccaria
49. **A Ética Protestante e o Espírito do Capitalismo**
    Max Weber
50. **O Anticristo**
    Friedrich Nietzsche
51. **Os Sofrimentos do Jovem Werther**
    Goethe
52. **As Flores do Mal**
    Charles Baudelaire
53. **Ética a Nicômaco**
    Aristóteles
54. **A Arte da Guerra**
    Sun Tzu
55. **Imitação de Cristo**
    Tomás de Kempis
56. **Cândido ou o Otimismo**
    Voltaire
57. **Rei Lear**
    William Shakespeare
58. **Frankenstein**
    Mary Shelley
59. **Quincas Borba**
    Machado de Assis
60. **Fedro**
    Platão
61. **Política**
    Aristóteles
62. **A Viuvinha / Encarnação**
    José de Alencar
63. **As Regras do Método Sociológico**
    Émile Durkheim
64. **O Cão dos Baskervilles**
    Sir Arthur Conan Doyle
65. **Contos Escolhidos**
    Machado de Assis
66. **Da Morte / Metafísica do Amor / Do Sofrimento do Mundo**
    Arthur Schopenhauer
67. **As Minas do Rei Salomão**
    Henry Rider Haggard
68. **Manuscritos Econômico-Filosóficos**
    Karl Marx
69. **Um Estudo em Vermelho**
    Sir Arthur Conan Doyle
70. **Meditações**
    Marco Aurélio
71. **A Vida das Abelhas**
    Maurice Materlinck
72. **O Cortiço**
    Aluísio Azevedo
73. **Senhora**
    José de Alencar
74. **Brás, Bexiga e Barra Funda / Laranja da China**
    Antônio de Alcântara Machado
75. **Eugênia Grandet**
    Honoré de Balzac
76. **Contos Gauchescos**
    João Simões Lopes Neto
77. **Esaú e Jacó**
    Machado de Assis
78. **O Desespero Humano**
    Sören Kierkegaard
79. **Dos Deveres**
    Cícero
80. **Ciência e Política**
    Max Weber
81. **Satíricon**
    Petrônio
82. **Eu e Outras Poesias**
    Augusto dos Anjos
83. **Farsa de Inês Pereira / Auto da Barca do Inferno / Auto da Alma**
    Gil Vicente
84. **A Desobediência Civil e Outros Escritos**
    Henry David Toreau
85. **Para Além do Bem e do Mal**
    Friedrich Nietzsche
86. **A Ilha do Tesouro**
    R. Louis Stevenson
87. **Marília de Dirceu**
    Tomás A. Gonzaga
88. **As Aventuras de Pinóquio**
    Carlo Collodi
89. **Segundo Tratado Sobre o Governo**
    John Locke
90. **Amor de Salvação**
    Camilo Castelo Branco
91. **Broquéis/Faróis/ Últimos Sonetos**
    Cruz e Souza
92. **I-Juca-Pirama / Os Timbiras / Outros Poemas**
    Gonçalves Dias
93. **Romeu e Julieta**
    William Shakespeare
94. **A Capital Federal**
    Arthur Azevedo
95. **Diário de um Sedutor**
    Sören Kierkegaard
96. **Carta de Pero Vaz de Caminha a El-Rei Sobre o Achamento do Brasil**
97. **Casa de Pensão**
    Aluísio Azevedo
98. **Macbeth**
    William Shakespeare

99. **Édipo Rei/Antígona**
Sófocles

100. **Lucíola**
José de Alencar

101. **As Aventuras de Sherlock Holmes**
Sir Arthur Conan Doyle

102. **Bom-Crioulo**
Adolfo Caminha

103. **Helena**
Machado de Assis

104. **Poemas Satíricos**
Gregório de Matos

105. **Escritos Políticos / A Arte da Guerra**
Maquiavel

106. **Ubirajara**
José de Alencar

107. **Diva**
José de Alencar

108. **Eurico, o Presbítero**
Alexandre Herculano

109. **Os Melhores Contos**
Lima Barreto

110. **A Luneta Mágica**
Joaquim Manuel de Macedo

111. **Fundamentação da Metafísica dos Costumes e Outros Escritos**
Immanuel Kant

112. **O Príncipe e o Mendigo**
Mark Twain

113. **O Domínio de Si Mesmo pela Auto-Sugestão Consciente**
Émile Coué

114. **O Mulato**
Aluísio Azevedo

115. **Sonetos**
Florbela Espanca

116. **Uma Estadia no Inferno / Poemas / Carta do Vidente**
Arthur Rimbaud

117. **Várias Histórias**
Machado de Assis

118. **Fédon**
Platão

119. **Poesias**
Olavo Bilac

120. **A Conduta para a Vida**
Ralph Waldo Emerson

121. **O Livro Vermelho**
Mao Tsé-Tung

122. **Oração aos Moços**
Rui Barbosa

123. **Otelo, o Mouro de Veneza**
William Shakespeare

124. **Ensaios**
Ralph Waldo Emerson

125. **De Profundis / Balada do Cárcere de Reading**
Oscar Wilde

126. **Crítica da Razão Prática**
Immanuel Kant

127. **A Arte de Amar**
Ovídio Naso

128. **O Tartufo ou O Impostor**
Molière

129. **Metamorfoses**
Ovídio Naso

130. **A Gaia Ciência**
Friedrich Nietzsche

131. **O Doente Imaginário**
Molière

132. **Uma Lágrima de Mulher**
Aluísio Azevedo

133. **O Último Adeus de Sherlock Holmes**
Sir Arthur Conan Doyle

134. **Canudos - Diário de uma Expedição**
Euclides da Cunha

135. **A Doutrina de Buda**
Siddharta Gautama

136. **Tao Te Ching**
Lao-Tsé

137. **Da Monarquia / Vida Nova**
Dante Alighieri

138. **A Brasileira de Prazins**
Camilo Castelo Branco

139. **O Velho da Horta/Quem Tem Farelos?/Auto da Índia**
Gil Vicente

140. **O Seminarista**
Bernardo Guimarães

141. **O Alienista / Casa Velha**
Machado de Assis

142. **Sonetos**
Manuel du Bocage

143. **O Mandarim**
Eça de Queirós

144. **Noite na Taverna / Macário**
Álvares de Azevedo

145. **Viagens na Minha Terra**
Almeida Garrett

146. **Sermões Escolhidos**
Padre Antonio Vieira

147. **Os Escravos**
Castro Alves

148. **O Demônio Familiar**
José de Alencar

149. **A Mandrágora / Belfagor, o Arquidiabo**
Maquiavel

150. **O Homem**
Aluísio Azevedo

151. **Arte Poética**
Aristóteles

152. **A Megera Domada**
William Shakespeare

153. **Alceste/Electra/Hipólito**
Eurípedes

154. **O Sermão da Montanha**
Huberto Rohden

155. **O Cabeleira**
Franklin Távora

156. **Rubáiyát**
Omar Khayyám

157. **Luzia-Homem**
Domingos Olímpio

158. **A Cidade e as Serras**
Eça de Queirós

159. **A Retirada da Laguna**
Visconde de Taunay

160. **A Viagem ao Centro da Terra**
Júlio Verne

161. **Caramuru**
Frei Santa Rita Durão

162. **Clara dos Anjos**
Lima Barreto

163. **Memorial de Aires**
Machado de Assis

164. **Bhagavad Gita**
Krishna

165. **O Profeta**
Khalil Gibran

166. **Aforismos**
Hipócrates

167. **Kama Sutra**
Vatsyayana

168. **O Livro da Jângal**
Rudyard Kipling

169. **De Alma para Alma**
Huberto Rohden

170. **Orações**
Cícero

171. **Sabedoria das Parábolas**
Huberto Rohden

172. **Salomé**
Oscar Wilde

173. **Do Cidadão**
Thomas Hobbes

174. **Porque Sofremos**
Huberto Rohden

175. **Einstein: o Enigma do Universo**
Huberto Rohden

176. **A Mensagem Viva do Cristo**
Huberto Rohden

177. **Mahatma Gandhi**
Huberto Rohden

178. **A Cidade do Sol**
Tommaso Campanella

179. **Setas para o Infinito**
Huberto Rohden

180. **A Voz do Silêncio**
Helena Blavatsky

181. **Frei Luís de Sousa**
Almeida Garrett

182. **Fábulas**
Esopo

183. **Cântico de Natal/ Os Carrilhões**
Charles Dickens

184. **Contos**
Eça de Queirós

185. **O Pai Goriot**
Honoré de Balzac

186. **Noites Brancas e Outras Histórias**
Dostoiévski

187. **Minha Formação**
Joaquim Nabuco

188. **Pragmatismo**
William James

189. **Discursos Forenses**
Enrico Ferri

190. **Medéia**
Eurípedes

191. **Discursos de Acusação**
Enrico Ferri

192. **A Ideologia Alemã**
Marx & Engels

193. **Prometeu Acorrentado**
Ésquilo

194. **Iaiá Garcia**
Machado de Assis

195. **Discursos no Instituto dos Advogados Brasileiros / Discurso no Colégio Anchieta**
Rui Barbosa

196. **Édipo em Colono**
Sófocles

197. **A Arte de Curar pelo Espírito**
Joel S. Goldsmith

198. **Jesus, o Filho do Homem**
Khalil Gibran

199. **Discurso sobre a Origem e os Fundamentos da Desigualdade entre os Homens**
Jean-Jacques Rousseau

200. Fábulas
La Fontaine

201. O Sonho de uma Noite de Verão
William Shakespeare

202. Maquiavel, o Poder
José Nivaldo Junior

203. Ressurreição
Machado de Assis

204. O Caminho da Felicidade
Huberto Rohden

205. A Velhice do Padre Eterno
Guerra Junqueiro

206. O Sertanejo
José de Alencar

207. Gitanjali
Rabindranath Tagore

208. Senso Comum
Thomas Paine

209. Canaã
Graça Aranha

210. O Caminho Infinito
Joel S. Goldsmith

211. Pensamentos
Epicuro

212. A Letra Escarlate
Nathaniel Hawthorne

213. Autobiografia
Benjamin Franklin

214. Memórias de Sherlock Holmes
Sir Arthur Conan Doyle

215. O Dever do Advogado / Posse de Direitos Pessoais
Rui Barbosa

216. O Tronco do Ipê
José de Alencar

217. O Amante de Lady Chatterley
D. H. Lawrence

218. Contos Amazônicos
Inglês de Souza

219. A Tempestade
William Shakespeare

220. Ondas
Euclides da Cunha

221. Educação do Homem Integral
Huberto Rohden

222. Novos Rumos para a Educação
Huberto Rohden

223. Mulherzinhas
Louise May Alcott

224. A Mão e a Luva
Machado de Assis

225. A Morte de Ivan Ilicht / Senhores e Servos
Leon Tolstói

226. Álcoois e Outros Poemas
Apollinaire

227. Pais e Filhos
Ivan Turguêniev

228. Alice no País das Maravilhas
Lewis Carroll

229. À Margem da História
Euclides da Cunha

230. Viagem ao Brasil
Hans Staden

231. O Quinto Evangelho
Tomé

232. Lorde Jim
Joseph Conrad

233. Cartas Chilenas
Tomás Antônio Gonzaga

234. Odes Modernas
Anntero de Quental

235. Do Cativeiro Babilônico da Igreja
Martinho Lutero

236. O Coração das Trevas
Joseph Conrad

237. Thais
Anatole France

238. Andrômaca / Fedra
Racine

239. As Catilinárias
Cícero

240. Recordações da Casa dos Mortos
Dostoiévski

241. O Mercador de Veneza
William Shakespeare

242. A Filha do Capitão / A Dama de Espadas
Aleksandr Púchkin

243. Orgulho e Preconceito
Jane Austen

244. A Volta do Parafuso
Henry James

245. O Gaúcho
José de Alencar

246. Tristão e Isolda
Lenda Medieval Celta de Amor

247. Poemas Completos de Alberto Caeiro
Fernando Pessoa

248. Maiakósvski
Vida e Poesia

249. Sonetos
William Shakespeare

250. Poesia de Ricardo Reis
Fernando Pessoa

251. Papéis Avulsos
Machado de Assis

252. Contos Fluminenses
Machado de Assis

253. O Bobo
Alexandre Herculano

254. A Oração da Coroa
Demóstenes

255. O Castelo
Franz Kafka

256. O Trovejar do Silêncio
Joel S. Goldsmith

257. Alice na Casa dos Espelhos
Lewis Carrol

258. Miséria da Filosofia
Karl Marx

259. Júlio César
William Shakespeare

260. Antônio e Cleópatra
William Shakespeare

261. Filosofia da Arte
Huberto Rohden

262. A Alma Encantadora das Ruas
João do Rio

263. A Normalista
Adolfo Caminha

264. Pollyanna
Eleanor H. Porter

265. As Pupilas do Senhor Reitor
Júlio Diniz

266. As Primaveras
Casimiro de Abreu

267. Fundamentos do Direito
Léon Duguit

268. Discursos de Metafísica
G. W. Leibniz

269. Sociologia e Filosofia
Émile Durkheim

270. Cancioneiro
Fernando Pessoa

271. A Dama das Camélias
Alexandre Dumas (filho)

272. O Divórcio / As Bases da Fé / e outros textos
Rui Barbosa

273. Pollyanna Moça
Eleanor H. Porter

274. O 18 Brumário de Luís Bonaparte
Karl Marx

275. Teatro de Machado de Assis
Antologia

276. Cartas Persas
Montesquieu

277. Em Comunhão com Deus
Huberto Rohden

278. Razão e Sensibilidade
Jane Austen

279. Crônicas Selecionadas
Machado de Assis

280. Histórias da Meia-Noite
Machado de Assis

281. Cyrano de Bergerac
Edmond Rostand

282. O Maravilhoso Mágico de Oz
L. Frank Baum

283. Trocando Olhares
Florbela Espanca

284. O Pensamento Filosófico da Antiguidade
Huberto Rohden

285. Filosofia Contemporânea
Huberto Rohden

286. O Espírito da Filosofia Oriental
Huberto Rohden

287. A Pele do Lobo / O Badejo / o Dote
Artur Azevedo

288. Os Bruzundangas
Lima Barreto

289. A Pata da Gazela
José de Alencar

290. O Vale do Terror
Sir Arthur Conan Doyle

291. O Signo dos Quatro
Sir Arthur Conan Doyle

292. As Máscaras do Destino
Florbela Espanca

293. A Confissão de Lúcio
Mário de Sá-Carneiro

294. Falenas
Machado de Assis

295. O Uraguai / A Declamação Trágica
Basílio da Gama

296. Crisálidas
Machado de Assis

297. Americanas
Machado de Assis

298. A Carteira de Meu Tio
Joaquim Manuel de Macedo

299. Catecismo da Filosofia
Huberto Rohden

301. Rumo à Consciência Cósmica
Huberto Rohden

302. **Cosmoterapia**
Huberto Rohden

303. **Bodas de Sangue**
Federico García Lorca

304. **Discurso da Servidão Voluntária**
Étienne de la Boétie

305. **Categorias**
Aristóteles

306. **Manon Lescaut**
Abade Prévost

307. **Teogonia / Trabalhos e Dias**
Hesíodo

308. **As Vítimas Algozes**
Joaquim Manuel de Macedo

309. **Persuasão**
Jane Austen

Série Ouro
(Livros com mais de 400 p.)

1. **Leviatã**
Thomas Hobbes

2. **A Cidade Antiga**
Fustel de Coulanges

3. **Crítica da Razão Pura**
Immanuel Kant

4. **Confissões**
Santo Agostinho

5. **Os Sertões**
Euclides da Cunha

6. **Dicionário Filosófico**
Voltaire

7. **A Divina Comédia**
Dante Alighieri

8. **Ética Demonstrada à Maneira dos Geômetras**
Baruch de Spinoza

9. **Do Espírito das Leis**
Montesquieu

10. **O Primo Basílio**
Eça de Queirós

11. **O Crime do Padre Amaro**
Eça de Queirós

12. **Crime e Castigo**
Dostoiévski

13. **Fausto**
Goethe

14. **O Suicídio**
Émile Durkheim

15. **Odisséia**
Homero

16. **Paraíso Perdido**
John Milton

17. **Drácula**
Bram Stocker

18. **Ilíada**
Homero

19. **As Aventuras de Huckleberry Finn**
Mark Twain

20. **Paulo – O 13º Apóstolo**
Ernest Renan

21. **Eneida**
Virgílio

22. **Pensamentos**
Blaise Pascal

23. **A Origem das Espécies**
Charles Darwin

24. **Vida de Jesus**
Ernest Renan

25. **Moby Dick**
Herman Melville

26. **Os Irmãos Karamazovi**
Dostoiévski

27. **O Morro dos Ventos Uivantes**
Emily Brontë

28. **Vinte Mil Léguas Submarinas**
Júlio Verne

29. **Madame Bovary**
Gustave Flaubert

30. **O Vermelho e o Negro**
Stendhal

31. **Os Trabalhadores do Mar**
Victor Hugo

32. **A Vida dos Doze Césares**
Suetônio

34. **O Idiota**
Dostoiévski

35. **Paulo de Tarso**
Huberto Rohden

36. **O Peregrino**
John Bunyan

37. **As Profecias**
Nostradamus

38. **Novo Testamento**
Huberto Rohden

39. **O Corcunda de Notre Dame**
Victor Hugo

40. **Arte de Furtar**
Anônimo do século XVII

41. **Germinal**
Émile Zola

42. **Folhas de Relva**
Walt Whitman

43. **Ben-Hur — Uma História dos Tempos de Cristo**
Lew Wallace

44. **Os Maias**
Eça de Queirós

45. **O Livro da Mitologia**
Thomas Bulfinch

46. **Os Três Mosqueteiros**
Alexandre Dumas

47. **Poesia de Álvaro de Campos**
Fernando Pessoa

48. **Jesus Nazareno**
Huberto Rohden

49. **Grandes Esperanças**
Charles Dickens

50. **A Educação Sentimental**
Gustave Flaubert

51. **O Conde de Monte Cristo (Volume I)**
Alexandre Dumas

52. **O Conde de Monte Cristo (Volume II)**
Alexandre Dumas

53. **Os Miseráveis (Volume I)**
Victor Hugo

54. **Os Miseráveis (Volume II)**
Victor Hugo

55. **Dom Quixote de La Mancha (Volume I)**
Miguel de Cervantes

56. **Dom Quixote de La Mancha (Volume II)**
Miguel de Cervantes

58. **Contos Escolhidos**
Artur Azevedo

59. **As Aventuras de Robin Hood**
Howard Pyle